흔들렸던 터전 위에

민 혜 기 지음

흔들렸던 터전 위에

민 혜 기 지음

흔들렸던 터전 위에

지은이 / 민혜기
펴낸이 / 이충석
꾸민이 / 성상건
펴낸날 / 2006년 12월 29일
펴낸곳 / 도서출판 나눔사
주 소 / 122-943 서울특별시 은평구 진관내동 529-1
전 화 / 02)359-3429, 3453
팩 스 / 02)355-3429
등록번호 / 1988년 2월 16일 제2-489호
ISBN / 89-7027-052-3-03810

값 8,000원

흔들렸던 터전 위에 ● 차 례

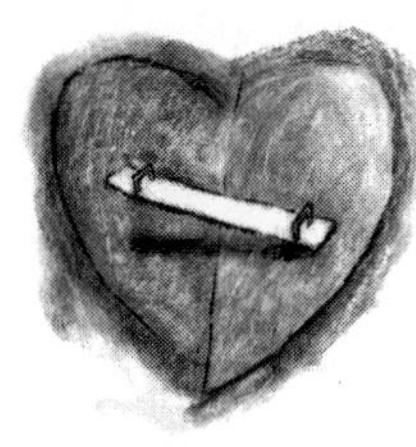

아픈 추억이 많으면 많을수록
사람은 자유롭습니다.
영혼이 자유롭다는 것은
참으로 아름답습니다.

세상엔 나무와 같은 사람이 있고,
그 나무들이 숲을 이룹니다.

제3장 새 토양 튼실한 뿌리

제4장 요양원 속의 영혼들

추천사

약동하는 삶의 몸부림

이 상 철 목사

(전 토론토대학교 빅토리아 대학 챈슬러
전 캐나다연합교회 총회장)

인간은 글을 쓰기도 하고 노래도 부르기도 하고 그림을 그리기도 한다. 글이나 노래나 그림은 한 인간의 삶의 깊은 곳에서 솟아 올라오는 생명의 도전이라 할 수 있다.

그 속에서는 뜨거운 생명의 불길이 타오르고 있기도 한다. 뿐만 아니라 헤아릴 수 없는 비전과 희망이 춤추고 있기도 하고 땅과 하늘을 끌어안는 뜨거운 가슴의 고동이 들려오기도 한다.

저자 민혜기 씨의 글 속에는 한 인간의 뜨거운 숨결이 살아서 약동하고 있다. 그의 글 속에서 약동하고 있는 삶의 몸부림은 독자들 가슴의 문을 열어주는 힘을 가지고 있다. 그의 글은 우리 마음의 문을 두들겨 열어주고 함께 울고 함께 웃는 생명운동에 동참하게 해준다.

이 책을 읽는 독자들은 민혜기 씨의 삶의 몸부림을 나눠받고 함께 생명의 도전을 공감하게 되는 감격을 가지게 될 것이라고 생각한다. 이것이 생명의 도전을 나누는 신비라고 말하고 싶다.

글은 생명을 쏟아놓는 일이고 글을 읽는 것은 쏟아놓은 생명을 나누면서 또 새로운 생명나눔운동을 전개하게 된다. 그러면서 온 세상이 활짝 피고 열리는 기적을 일으키는 것이다. 그래서 많이 읽으면 우리 생명이 풍성해지는 뜨거운 감격을 맛볼 수 있다.

이번에 이 책을 펴내는 민혜기 씨에게 아낌없는 치하와 격려를 보내며 자랑스럽게 생각한다.

발문(跋文)

열정과 헌신으로 피어난 꽃

조 연 희(수필가)

여고시절, 작가 민혜기는 종교반(기독교) 반장이었고 나와는 가까운 사이였다. 유난히 맑고 흰 얼굴에 아담한 체구였지만 늘 신중했고 논리정연했으며 달변이었다. 웅변에도 뛰어났지만 학생 신분으로 예배를 인도하던 능숙하고 근엄한 모습에 우리는 모두 압도당했다.

졸업 후 거의 반세기에 가까운 세월이 흘렀다. 그동안 한국신학대학을 졸업하고 결혼 후 캐나다로 이민간 후의 생활상을 속속들이 알지 못했다.

그런데 금번 작가의 수필집 초고를 읽고 작가는 어릴 때부터 매사에 의욕과 열정이 남달랐음을 상기하게 되었다.

지난 30여 년간 작가는 너싱 홈의 간호보조사로 일해

왔다. 또 10년이 넘게 의료통역사 역할까지 감당하며 바쁘게 살고 있다. 캐나다의 이민자의 수효가 많아지면서 언어소통이 불가능한 환자들을 위한 의료통역사의 역할이야말로 얼마나 절실히 필요한 것인가…. 그야말로 가장 보람있는 일일 것이다.

작가는 그 외에도 이민생활의 갖가지 애환과 문제점들을 호소하기 위해 문학의 길에 정진했다. 드디어 2001년에 「한국수필」에 당당히 등단한 바 있다. 캐나다 문인협회 회장직을 맡아 수행하는 동안 최초로 「호반문학제」란 큰 행사를 개최하기도 했다.

그야말로 작가는 입지전 중의 인물이 아닐 수 없다. 그 바쁜 이민생활 속에서 목회자의 아내로서만이 아니라 너싱 홈의 보조간호사로 전문 의료통역사로 문인으로서 성공적인 삶을 걸어온 셈이다.

더구나 2004년에는 66세의 가냘픈 여인의 몸으로 히말라야 산행까지 한 바 있다. 작가의 도전적이며 진취적인 기상, 불굴의 정신을 입증하고도 남음이 있다고 하겠다.

그 밖에도 3년 동안 작가는 한겨레신문 「코리아 네트웍」의 '캐나다와 한국사이'의 칼럼 고정기고가로도 활약을 하였다. 참으로 무한한 능력의 소유자임을 인정하지 않을 수 없다.

그러나 작가는 뜻밖에 큰 시련에 봉착했다. 눈보라가 사납게 치던 날, 목사인 부군의 차가 하이웨이에서 트럭과 충돌하는 사고가 발생한 것이다. 부군의 뇌수술, 파열된 위와 허파의 봉합수술, 부서진 뼈들의 맞춤수술로 60일간의 병상치료와 6개월간의 입원재활치료 기간 동안 작가의 헌신적인 간병과 지칠 줄 모르는 강인함과 하나님께 대한 신뢰의 모습은 주위 사람들을 감동시키고도 남았겠다.

작가는 시편 23편 "여호와는 나의 목자시니 내게 부족함이 없으리로다"를 되뇌이면서 하늘나라의 새 힘을 얻곤 했었다.

결국 반신장애 상태로 휠체어 도움을 받으며 생활하게 된 부군 곁에서 작가는 결코 낙담하거나 절망하지 않으면서 지혜롭게 숱한 시련을 극복한 것이다.

「흔들렸던 터전 위에」의 전반 부분은 부군 목사님의 투병기 내지 작가의 간병기, 곧 치유의 과정이고, 후반부분은 너싱홈에서 보조간호사로서의 생활 단면들이 수록되었다.

> 팬티는 벗어진 채 그의 손에는 커다란 고구마 크기의 대변덩어리가 들려져 있지 않은가?
>
> "아니, 이게 웬일이예요?"
>
> "나 지금 마악 애기를 낳았어. 이것 봐"하며 아주 자랑스럽게 보여준다.
>
> "아, 당신 정말 수고했군요."
>
> 나는 캠블 할머니를 조심스럽게 목욕실로 데리고 갔다. '알츠하이머'병에 걸린 이 노인은 마음이 여려 자칫 거칠

게 해주면 울고 작은 일에도 화를 잘 내지만 갑자기 두려운 생각이 나면 내 가슴에 얼굴을 파묻곤 한다. 이런 무질서한 희로애락의 표현으로 몹시 신경 쓰여지는 환자 중의 하나다. 목욕시킨 후, 피곤해 보이는 그를 침대에 눕히고 다독거려 주니 나를 좋아 한다며 볼에 키스를 해준다.

황당한 사건 앞에서도 어머니처럼 자애롭게 헌신적인 작가의 모습에 숙연해지면서 눈물이 솟았다.

내 직책은 너싱 홈 간호 팀에서 가장 말단이었다. 우리는 바로 너싱 홈의 기간요원인 것이다. 우리가 아니면 환자들이 쏟아놓은 배설물을 치워줄 사람이 없다. 환자들의 청결 문제도 우리의 책임이다. 퍼스널 서포트 워커(Personal support worker)들이다. 그러나 나는 프로 정신으로 일하고 싶었다.

나는 이 부분에서 작년 말(2005년) 소록도를 떠난 오스트리아의 두 수녀가 떠올랐다. 20대의 젊은 나이에 와서 40여 년간 소록도의 한센 병 환자들을 보살피다가 70대의 노구로 아무도 모르게 떠난 두 천사수녀님들…. 그들의 사랑의 향기가 작가의 글에서도 풍겨나오는 듯 했다.

작가는 서문에서 "무서운 변화의 물결을 타고 헉헉거리며 용케도 파산하지 않고 견뎌 왔다?"라고 털어 놓았다.

이 「흔들렸던 터전 위에」를 읽는 독자들은 책의 갈피갈피에서 작가의 헉헉대는 숨소리를 역력히 들을 수 있을 것이다.

작가의 신앙적인 깊은 사유의 세계 속에서 건져 올린 보석처럼 소중한 수필들이다. 그야말로 감동적인 자전적 에세이라고 볼 수 있겠다. 험난한 삶의 파도를 꿋꿋이 이겨낸 그의 당당함과 의연한 모습, 그리고 정의를 위해서 열정과 헌신을 다 바친 그의 고귀한 인간승리에 박수갈채를 보낸다.

새삼 작가가 나의 동창이란 사실이 더 없이 자랑스럽다.

조 연 희 진명여고 47회 졸업.
연세대학교 국어국문학과 졸업
진명여고 교사 역임
여상(女像), 한국수필로 등단
수필집: * 무량한 그리움을
* 새로운 날들의 시작
* 사춘기(한국현대수필가 대표작 선집)외 다수

글머리에

삶의 무게를 함께 맞들며

세월의 무게가 점점 어깨를 짓누르고 있다. 삶의 조각들이 목에까지 차올랐다. 토해내지 않고선 견딜 수 없는 지경에 이르러서야 『흔들렸던 터전 위에』, 그리고 『토론토에서 히말라야 고산족 마을 따라』이 두 권의 책속에 내 인생을 담는다. 무서운 변화의 물결을 타고 헉헉거리며 용케도 파산하지 않고 견뎌왔다.

진정 나이를 의식하기 시작한 것은 육십의 문턱에 올라서고부터였다. 남은 인생이 살아온 삶보다 무척이나 짧아졌구나 하는 새삼스런 자각이 나를 당혹하게 했기 때문이었다. 비로소 활동연한의 제한성 같은 것을 피부로 접하게 되면서 스스로 10년 또는 15년 이런 식으로 시간을 헤아리게 되었고, 그 시간의 틀 속에 내 인생 전체를 담아낼 모양을 구상하기 시작하였다.

신통치도 않은 글모음이란 자괴감으로 수없는 좌절을 거듭하면서도 펴낼 마음이 생긴 것은 개인적 체험의 소중함 때문이다. 누구나 개인적 체험 속에서 연륜을 쌓다 보면 독특한 모양의 나이테를 형성하게 된다. 평범(平凡) 속에서 비범(非凡)을 찾게 되고 독특하면서도 함께 나눌 수 있는 공유의 장이 만들어지지 않을까란 바람 때문이기도 하였다. 그래서 한 사람 한 사람 삶의 과정들이 소중하고 서로의 경험들을 나누다보면 마음의 길벗들을 만난다.

좋은 스승과의 만남은 질서의 아름다움을 늘 일깨워 주었고, 삶의 위기 한가운데서 헤매고 있을 때 그 고통을 함께 나누었던 가족과 친구들은 잊을 수 없는 동반자들이었다. 이 분들을 향한 내 사랑마음을 어떻게 전할까. 이 글모음이 바로 내 식의 사랑방법 표현임을 고백하고 싶다. 그리고 보니 이 모든 고마운 분들과의 만남은 예수의 마음을 품고 살아가려 애쓰는 사람들이었음을 재발견하게 된다.

격려의 말을 아끼지 않으신 이상철 목사님, 초고를 읽고 발문을 써주신 수필가 조연희 님, 시인 이상묵 선생님께 이 자리를 빌려 진심으로 감사드리고 싶다. 이 책이 만들어질 때까지 곁에서 격려해주고 조언을 해주신 소설가 김외숙 선생님, 글벗으로 한길을 걸어온 동인 장정숙 님, 원옥재 님 그리고 글벗 후배들이 참 고맙다.

무엇보다 이 책의 출판을 선뜻 맡아 해주신 나눔사 성상건 사장님께 진심으로 감사드리고 싶다. 토론토와 서울 사이의 이 메일을 통하여 수없이 많은 교정 절차를 밟으며 모자란 부분은 채워주고 수정의 수고를 아낌없이 해주신 손종오 선생님을 비롯한 나눔사 여러분께 고마운 말씀도 드리고 싶다.

끝으로 이 글들은 남편 정동석 목사, 말없이 우리 부부와 한길을 걸어온 친구 정웅 님, 사랑하는 딸 혜은(Helen)이와 아들 종훈(Martin)이에게 남기는 사랑의 징표임을 꼭 말해주고 싶다.

토론토 휜치 뜰에서 **민 혜 기**

35 Finch Ave.. East. Suite 311
North York Ontario. M2N 6Z8 Canada
e-mail: ground_min@hotmail.com

제1장
항거할 수 없는 사랑

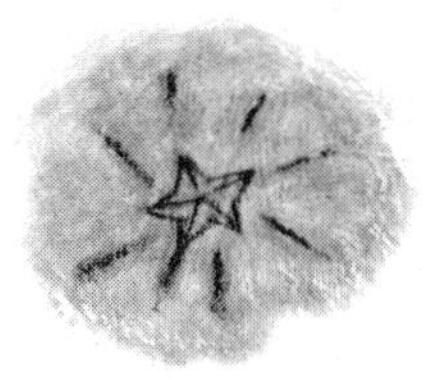

1. 천둥치는 소리

새해가 밝았다. 월요일 이른 아침, 남편은 말쑥한 차림으로 외출 준비를 하고 있다.

"아니, 이렇게 일찍 어디 갈려구요.?"

"응, 학교에 다녀와야겠어."

"왜 하필이면 오늘인가요?"

"논문개요 제출마감이 이미 지났거든. 얼른 제출하고 올 테니 외출 준비하고 있어. 늦어도 10시 반이면 돌아올 수 있으니까."

오늘따라 남편의 모습이 참 핸섬하다고 느꼈다. 밖에는 눈발이 날리고 영 날씨가 마음에 걸렸다. 낮에는 정대위 박사님 댁에서 한신 동문들이 모두 모여 세배 드리기로 한 날이다. 그뿐이랴, 저녁엔 우리 집으로 박희민 목사님과 이성갑 목사님 등 몇 분이 오기로 된 날이기도 하였다. 저녁 준비도 하랴 집안도 치우고 해야 하는데 일찍 서둘러 나가는 남편이 조금은 원망스러웠다. 며칠 전부터 손님맞이할 준비는 대충 끝냈으나 마음 바쁘기는 마찬가지였다. 나는 한복으로 옷을 갈아입고 그이가 돌아오기만 기다렸다.

11시가 넘고 12시가 다 되어도 남편은 감감 무소식이다. 늦어도 12시까지는 정 박사님 댁으로 가야하는데 조금씩 불안해지기 시작했다. 평상복으로 옷을 다시 갈아입고 TV를 켰다. 정오 뉴스가 나온다. 귀는 온통 전화통에 매달려 있고 눈은 뉴스 판에 박혀 있다. 고속도로 차사고 장면이 어지럽게 비쳤다.

"혹시 저 속에 그이가 끼어 있는 건 아닐까."

예감이 불길하였다. 밖은 여전히 눈보라가 사납다. 어쩌자고 그이는 이런 날 그 먼 데까지 가야했었을까? 아직도 학교 개학은 며칠 더 있어야 한다. 12월 31일까지 제출마감이긴 했어도 1월 3일 월요일을 피하여 다음날 가도 될 텐데. 철저한 그의 성격이 하루 늦은 것만 하여도 참을 수 없게 만들었다. 자꾸 불안해졌다.

1시가 넘어 30분이 지났다.

갑자기 쾅쾅 문을 두드리는 소리가 천둥소리만큼이나 크게 들린다. 반사적으로 놀란 나는 문 쪽으로 달려갔다. 아! 경찰관 두 명이 문 앞에 서있지 않은가. 모자를 벗고 정중히 인사를 한다. 영화에서나 보았던 사망소식을 알리러 온 경찰관의 모습 그대로였다.

"남편이 어떻게 되었군요? 그이 살아있는 거죠. 죽지 않았죠?"

"슬픈 소식을 전하게 되어서 미안합니다. Mr.정이 하이웨이 401과 밀턴 지역에서 트럭과 충돌하였습니다. 근교 밀턴 병원에서 응급치료를 끝내고 지금 해밀턴 종합병원으로 이송중입니다. 대단한 중상입니다."

"함께 가지 않겠습니까? 병원까지 안내하겠습니다."

정신이 자꾸 혼미해지려 한다.

"감사합니다. 가족과 함께 가겠습니다."

정신을 바짝 차리고 가장 연락이 빠른 동생에게 알렸다. 오늘의 모든 약속을 우선 취소해야 했다. 우리를 기다리고 있을 동문 여러분께와 정 박사님께 죄송하였다. 그리고 저녁에 오실 목사님께도 미안했다. 우선 그이가 살아있다는 것만도 안심이 되었다.

2. 해밀턴으로

해밀턴은 토론토에서 40분 이상 고속도로로 가야 할 거리였다.

해밀턴 종합병원은 트라우마 센터(Trauma Centre)가 있다. 생명이 경각에 달린 위급한 환자를 전문으로 치료할 수 있는 시설이 되어있는 곳이다. 분초를 다투는 그의 생명이 토론토로 이송하기에는 긴박한 상황이었던가 보다.

병원에 도착하니 오후 세 시가 되었다. 급히 연락받은 가족들과 친구 목사님들이 도착하였다. 우리를 위해 마련된 응급실의 작은 방은 곧 기도실로 변하였다. 그러나 나는 혼자 있고 싶었다. 눈치를 챈 딸 혜은이가 나를 부축하여 병원 채플실로 데려갔다. 딸을 보내고 난 나는 쓰러질 듯 강대 앞에 엎드렸다. 펑펑 울며 하나님께 대들었다. 이게 뭐냐고, 왜 하필이면 그이냐고, 이제 겨우 이민목회 현장의 심각한 문제 파악의 길을 찾았는데 이렇게 쓰러지게 하였냐고 엉터리 떼를 쓰면서도 스스로 몰려오는 자책감과 회한으로 가슴을 쥐어뜯는 고통이 따랐다.

그가 영영 깨어나지 못하면 나는 그이에게 용서를 구할 수 있는 기회를 아주 놓치고 말 것이다. “하나님, 저를 책하시고 남편을 지켜주옵소서. 주님의 뜻을 헤아릴 수 있는 믿음과 영안(靈眼)을 허락하여 주옵소서.” 그 짧은 기도 속에서 결혼 32년의 세월이 주마등처럼 지나갔다. 잘못 살아온 발자국이 선명하게 들어왔다. 아내로서도 목사 부인으로서도 제 구실 못했음이 아픔으로 다가왔다. 사경을 헤매고 있는 남편에게 그냥 미안하기만 하였다. 삶과 죽음은 온전히 하나님의 권한 속에 있음을 이때처럼 절실하게 느껴본 적이 없다. 그 권한을 감히 어떻게 넘겨다 볼 수 있을까. 결국은 그분께 전폭적으로 맡길 수밖에 없다는 믿음이 분명해졌다. 믿는 것 이외에는 내가 할 수 있는 일은 아무 것도 없음을 깨달았다. 침착을 되찾은 나는 다시 식구들이 기다리고 있는 대기실로 돌아왔다. 시간마다 친절하게 담당의사는 남편의 상태를 알려주었다. 내장파열로 출혈이 심하고 양쪽 다리와 허벅지의 뼈가 엄청나게 부서졌으며, 갈비뼈가 부러지면서 허파에 구멍이 나 호흡기능이 마비되었단다. 거기에다 머리까지 심하게 다쳤다는 것이다.

아침 열 시에 사고를 당한 남편은 저녁 6시 30분에야 수술실로 들어가게 되었다. 수술실로 들어가기 직전에야 그이를 만날 수 있는 기회가 허락되었다. 알아볼 수 없을 만큼 부어있는 얼굴은 그의 모습이 아니었다. 어쩌면 마지막이 될 지도 모르는 순간이었다. 나는 이미 남편의 생명을 하나님께 맡긴 뒤였다. 다만 수술하는 의사의 손길을 하나님의 도구로 써 달라는 기도밖에 할 수 없었다. 순간 어디서 솟는 힘인가. 확신이 생기며 강물 같은 평화가 온몸을 감싸고 있지 않은가. 죽음 대신에 생명의 소생함을 주시겠다는 약속의 음성이 마음 깊이에서 들려왔다.

살아남을 수 없는 치명적인 순간에도 그 생명을 지켜주셨는데 이제 남은 것은 집도하는 의사들로 하여금 인간적인 실수를 하지 않도록 기도하는 것뿐이었다.

중환자실 대기실은 간간이 들리는 울음소리, 침통한 가족들의 무거운 침묵, 놀라 찾아온 친지들의 염려하는 말소리만 들릴 뿐 밤은 점점 깊어가고 있다. 새벽 세 시경 나를 찾는 집도의사의 모습이 눈에 들어왔다.

"수술은 성공적으로 잘 마쳤습니다. 중환자실로 옮겼습니다. 면회가 가능합니다."

이보다 더 기쁜 소식이 또 어디 있을까. 아직도 살아있어 볼 수 있다는 것만도 고마웠다. 혜은이와 훈이를 데리고 아빠 곁으로 갔다. 손도 얼굴도 만져볼 수 없을 만큼 온갖 주사를 주입하는 줄과 호스와 튜브가 입속에도 콧구멍에도, 팔과 가슴에도 연결되어 있다.

아, 저것들이 생명줄들이구나. 목을 통하여 허파로 연결되는 굵은 산소호흡기가 확 내 눈을 덮는다. 심장박동이 또렷이 들린다. 양쪽에 아이들이 나를 부축하고 있다. 피로 끈끈이 맺어진 우리는 한 덩어리가 되어 아빠를 위해 기도하고 있다. 10분간의 면회시간이지만 저마다 마음속으로 아빠와 이야기를 나누고 있다.

대기실로 돌아오니 병원직원이 찾아왔다. 그리고는 우

리 가족을 위하여 마련해놓은 방으로 안내해 주었다. 그 방의 이름은 '오아시스'였다. 이름이 참 마음에 들었다. 이 방은 향후 12일간 우리의 작은 쉼터요 기도처가 되어 그이의 회복을 위한 기도가 계속되었다.

중환자실은 분명 삶과 죽음의 현장을 실감나게 해주었다. 죽어나가는 가족들의 오열소리가 가슴을 후비고 들어왔다. 우리에게 오아시스란 방을 따로 내준 것도 남편의 생명이 경각에 달렸기에 마련해준 병원 측의 배려였다는 것을 뒤에서야 알았다. 얼마나 사려 깊은 처사였던가.

수술 다음날부터 그토록 춥고 폭설이 내리는 날씨에도 불구하고 소식을 듣고 달려온 병문안의 대열이 토론토와 해밀턴 지역에서 끊임없이 이어졌다. 노구임에도 불구하고 병문안을 오신 정대위 박사님을 뵙기가 참으로 민망하였다. 아직도 혼수상태에서 벗어나지 못한 남편 곁에서 내 손을 꼭 잡고 드리는 간곡한 기도소리를 지금도 잊지 못하고 있다. 얼마나 큰 위로가 되었고 남편에 대한 스승의 애정을 피부로 느끼는 순간이기도 하였다. 남편이 시무하는 브람턴 한인연합교회 식구들, 그이와 삶을 나누었고 보살핌을 받았던 많은 성도들이 다녀갔다. 친구들은 따끈한 음식도 만들어 나를 위로해 주었고 사랑과 격려의 말이 하나 가득 담긴 카드를 내 손에 쥐어주며 남편의 회복을 기원하였다.

아들 훈이는 교통사고 뒤처리를 맡고 딸 혜은이와 사

위 덕영이는 나를 돌봐주는 책임을 맡았다. 가족들은 서로 역할분담을 철저히 잘도 감당해 주었다. 더욱이나 해밀턴 연합교회 김유락 목사님 내외분의 지극한 정성으로 해밀턴 60일간의 생활 중에 지치고 쓰러질 것 같은 몸과 마음을 편히 쉬게 해주고 따뜻한 음식으로 지극히 보살펴 주었다.

매일이다시피 그 먼 토론토에서 시외버스를 타고 몇 시간이 걸려 찾아오시는 시부모님, 그리고 친정어머니의 애타하시는 모습은 참 죄송스럽기만 하였다. 동생들까지 총동원되어 이 긴박한 생의 위기를 함께 염려해주고 나에게 필요한 모든 배려를 아끼지 않았다. 가족의 힘을 이때처럼 뼛속 깊이 느껴본 일이 또 있었을까. 가장 어려운 생의 한가운데에 있을 때 진정으로 그 고통을 함께 나누어준 많은 분들께 진 사랑의 빚을 어떻게 갚을 수 있을까.

수술 5일 만에 혼수상태에 있었던 남편의 손가락 하나가 살짝 움직였다. 문밖에서 기다리고 있는 김 목사님께 나도 모르는 사이 소리를 질렀다. "손가락이 움직였어요." 그이의 의식이 돌아온다는 신호가 아닌가. 그러나 잠시 다시 숨소리만 들릴 뿐 육체의 어느 부분도 미동을 하지 않는다. 그런데 다음날부터 그이의 의식이 조금씩 돌아오고 있다. 처음으로 눈을 뜨는 날이다. 나는 뛸 듯이 기뻤다.

"누가 제일보고 싶었어요?"

"미시즈 정이지."

"미시즈 정이 누군데요?"

"내 와이프야"

아, 그이 마음속에 내가 확실히 자리잡고 있구나, 반의식 가운데서 하는 이 말 한마디가 참 듣기에 좋았다. 그리고는 남편의 의식이 수렁에 다시 빠져들어 가는 듯 반응이 없다.

수술, 일주일 후 처음으로 스스로 호흡할 수 있도록 산소 호흡기를 떼는 날이었다. 의사들도 간호사들도 나도 숨을 죽이며 호흡기 떼는 것을 지켜보았다. 흐흑 숨을 들이쉬었다 하는가 했더니 거친 숨소리와 함께 내쉬는 소리가 났다. 스스로 호흡하는 능력 테스트에는 일단 합격이었다. 정맥주사(IV)로 계속 항생제와 진통제가 주입되고 있다. 폐렴은 독약이나 같은 거라며 폐렴증세 여부를 계속 관찰하는 것을 잊지 않았다. 다리가 경직될까봐 지난해 새로 도입된 기구라며 다리운동을 계속 시키고 있다. Mr. 정은 아주 행운아라 했다

3. 역설적인 행복

드디어 남편은 12일 만인 1월 15일에 중환자실에서 준중환자실로 옮겨졌다.

그이는 이 날 처음으로 내가 어디에 있지? 하며 입속말로 묻는다. 얼마나 기다리던 한 마디였을까. "하나님이

나와 함께 계셔" 그렇게 말하고는 다시 깊은 잠 속으로 빠져 들어갔다. 남편의 얼굴엔 지극한 평안과 기쁨이 온 얼굴에 번졌다. 생명 그 자체 이상 중요한 것이 세상에 어디에 있겠는가. 평소에 중요하다고 생각한 것들이 아무 것도 아니었음을 깨달았다. 비록 몸의 반쪽이 완전히 마비된 상태이고 혼수에서 깨어났으나 주변에 대한 의식은 없는 그런 상태였으니 말이다. 허파의 봉합 수술이 잘 되긴 하였어도 아무는 동안 그는 큰 산소투입기를 기도와 연결하여 호흡할 수 있게 하였다. 이로 인하여 남편의 기도와 식도에 상처가 나서 그 기능이 회복될 때까지는 적어도 한 달이 걸릴 거라 하였다. 자연히 그이의 영양섭취는 코에 연결된 피딩 튜브(feeding tube)에 의존할 수밖에 없었다. 성대까지 다쳤는가, 목소리까지 잃었다.

병실로 옮겨진 다음부터 나는 병원 가까이 있는 김유락 목사님 댁에 기거하면서 병실을 출퇴근하였다. 어김없이 김 목사님은 아침 아홉 시면 병원에 데려다주었고 저녁 열 시에 나는 목사님 댁으로 돌아가곤 하였다.

1월 17일 처음으로 방문객이 없는 날이었다. 병실 창문 밖에는 폭설이 대단했다. 온 세상은 꽁꽁 얼어붙어 있었고 기록적인 한파가 밀려온 날, 나는 일생에서 가장 평화스럽고 행복한 남편과의 일심동체임을 실감있게 경험한 날이기도 하였다. 가족 또는 직장에 대한 걱정도, 목회현장에서 일어나는 그 어떤 염려와 스트레스에서도 완전히 벗어나 온 정성을 기울여 남편에게만 쏟을 수 있었기 때문이었다. 인간적인 근심 고통, 그 어떤 불안으로부터 온전히 자유로워진 진정한 평안이었다. 2인실 병실 창가엔 회복을 기원하며 보내준 화분들로 작은 꽃밭을 이루고 있다. 남편의 귀에 '내 주여 뜻대로 하옵소서'라는 극동방송 여성합창단의 찬양 테이프가 담긴 워크맨의 리시버를 꽂아주었다. 놀라움의 표현이 눈에 가득하였다. 시편 23편을 읽어주었다.

"여호와는 나의 목자시니 내게 부족함이 없으리로다. 그가 나를 푸른 초장에 누이시며 쉴 만한 물가로 인도하시도다. 내 영혼을 소생시키고 자기 이름을 위하여 의의 길로 인도하시도다. 내가 사망의 음침한 골짜기로 다닐지라도 해를 두려워하지 않는 것은 주께서 나와 함께 하심이라…."

얼마나 위로와 힘을 주는 시편인가.

거듭하여 읽어주는 내 마음 속에도 잔잔한 시냇물이 흐르고 있다. 남편의 깊은 의식 속에는 좋으신 하나님, 사랑의 하나님께 대한 신뢰와 절대적인 믿음으로 '아멘' 하며 대응했다. 그 동안 사랑한다고 표현하지 못했던 고백을 수없이 그의 귀에 들려주었다. 내 손을 꼭 쥐어준다. 의사전달이 분명 되고 있다. 감동스런 교감의 확인은 행복 그 자체였다. 한번 생각해 보라. 절대자의 장중에 우리를 품어주고 있다는 믿음, 사랑받는 하나님의 자녀됨을 몸으로 느끼고 확신을 갖게 해주는 이 기쁨을 어느 인간이 그 어느 무엇이 줄 수 있을까. 이 날의 이 특별한 체험은 이후에 있어질 엄청난 고통을 이겨나가는 데 힘이 되어 주었고 연약한 상태의 나를 강인하게 해주었다.

4. 순진했던 두 신학생의 결합

내가 남편을 만난 것은 수유리 한국신학대학 캠퍼스에서였다. 도서관에서 공부에 파묻혀 있던 그의 모습에 어지간히 마음이 끌렸던 모양이다. 어쨌거나 우리가 한창 교제하고 있을 때 그이는 1년 반 동안 학도병으로 군복무에 들어갔다. 이 세월들이 무척 지루할 것이란 생각에 우리는 매일 같이 편지를 쓰는 작전에 들어갔다. 또 그것들이 쌓여서 결혼을 했고 그 결혼 속엔 사랑과 신뢰만이 있었던 것은 아니었다. 권태로움도 있었고 가난과의 싸움도 있었다. 성격 차이에서 오는 갈등으로 영영 헤어지고 싶다는 극단의 순간들도 있었다. 순진했던 두 신학생의 결합이었지만 세상물정에는 영점이었다.

당시 기독교 교육의 권위자이었던 문동환 박사 밑에서 우리들은 연구원으로 사회생활을 시작하였다. 학구적인 남편의 성향은 학문의 길로 가기를 소원했고 교육에 관심이 있었던 나는 교육자의 길을 걷고 싶었다. 결혼 이후 8년이란 세월을 남편은 한신 연구원에서, 나는 4년 뒤 잠시 신일중고등학교 성경교사로 재직하였다. 대부분의 신학교 졸업생은 목회현장으로 뛰어들었다. 나는 교회 대신 학교를 택하였다. 그러나 성경을 가르친다는 것이 참으로 어렵다는 생각이 들었다. 내가 진정 알고 가르치는지 자신이 없었다. 초등학교 교육은 또 다른 나의 관심사였다. 뒤늦게 서울교육대학 교사 양성반 졸업 후인 1970년, 8천여 명의 재학생이 있는 도봉초등학교에 발령을 받았다. 3년 10개월간 소중한 교육현장의 경험을 가슴에 안고 73년에 캐나다 이민길에 올랐다. 결혼 10년 동안에 우리 두 아이들이 태어났다. 남편은 한신 대학원 졸업 후 10년 만에 목사 안수를 받았다. 모국에서의 현장목회 경력은 경기도 일산교회의 3년이 고작이었다.

이민 목적 중에는 남편의 학구열 성취도 들어 있었다. 거기에다 아이들의 교육도 커다란 비중을 차지하였다. 이민 이후 20여 년의 삶이 영화의 한 장면처럼 선명하게 지나갔다. 70년대가 이식해온 나무가 뿌리를 내리도록 정성을 기울였던 해였다면 80년대의 남편은 이민교회 목회현장에서 나는 직장에서 아이들은 학교에서 참으로 열심히 앞만 보고 달렸던 시기였다. 결혼의 최대 위기를 맞았던 때도 바로 이 시기였다. 겉으로 보기에는 더할 수 없이 완벽한 가정이었다. 그러나 내적으로 나는 자아상실감에 몸부림을 치고 있었다. 목사 아내로서의 사명을 다한다 했어도 어쩌면 애정보다는 의무와 책임감 때문에 더 열심히 하였는지 모른다. 성격적인 차이로 남편과 나는 서로를 참 힘들게 만들었다. 인기 있는 목사는 아니었다 해도 참으로 성실하게 온 힘을 다하여 남편은 교회를 섬겼다. 보람과 고통이 함께 하였던 그런 시절이었다. 남편은 꼼꼼하고 성실한 성품이었다. 타협보다는 목회의 원칙에 충실하였다. 나는 지금까지 살아오면서 그이는 인문 쪽보다 과학계통으로 삶의 키를 잡았더라면 백분 그의 능력을 발휘하였을 거라는 생각을 떨치지 못하면서 살아왔다.

이민 목회현장은 우리로 하여금 때가 되면 떠나야 하고 버려야 하고 포기해야 하고 잊어야 할 준비를 언제든지 할 수 있어야 한다는 준비성을 늘 일깨워 주었다. 교회가 어디 믿음으로만 무장된 사람만 나오던가, 천사의 성품만 지닌 사람들만 찾아오는 곳이던가, 교회 문을 들어섰을 때는 저마다 나름대로의 바람과 소원이 있다. 훈훈하고 정감스러운 분위기를 기대한다. 일터에서 피곤하고 지친 몸과 마음을 쉴 수 있는 쉼터가 되기를 원한다. 삐걱거리고 녹슨 마음과 영혼에 기름을 치고 닦아내어 윤기 있는 삶을 살고싶어 한다. 인생의 삶과 죽음에 대한 해답을 찾고 싶어 오는 사람도 있다. 더 높게는 깊은 신앙의 경지에 들어간 사람도 온다. 인정받고 위로받고 자기실현의 현장을 교회공동체에서 찾기를 바라는 사람도 있다. 일하면서 당했던 억울함을 풀어줄 수 있는 사람도 만나고 싶어 한다. 배신당하고 업신여김 받고 외롭고 답답한 삶이 고달파서 찾아오는 사람도 있다. 비즈니스 거래를 위해 오는 사람도 있다.

집사도 되고 장로도 되고 성가대원도 되고 구역장도 되어 제사엔 관심이 없고 젯밥에 더 관심 있는 사람들도 있다. 연줄을 따라 교회 안에서 자기 세력 굳혀 큰소리 치며 어른 노릇하고 목에 힘주며 살고싶어 찾아오는 사람도 있다. 이렇듯 교회공동체의 구성원은 얼굴이 다른 만큼 마음 쓰는 것도 다스리는 것도 마음 나타내는 것도 저마다 다르다는 생각을 하였다. 인간적인 연약함과 설교자와의 껄끄런 관계를 넘어서 강단에서 선포되는 말씀이 '말씀의 씨를 뿌리시는 하나님'의 복음이란 생각을 하는 성도들이 얼마나 있을까. 이런 구성원이 모인 교회에서 목사는 참회와 용서를 이야기하고 옳고 그릇된 삶의 표본을 보여주어야 하고 사랑과 포용을 훈련시키는 사명을 가지고 있다. 얼마나 어려운 길인가. 목회는 24시간 비상근무라는 생각도 하였다. 목회는 생활수단으로 택한 직업이라기보다 소명(召命)에 따라 택함을 받은 이의 선교(Missionary)란 생각이 더 앞섰다. 실제로 그이는 그랬다. 머리맡에는 항상 소형 녹음기가 놓여있어 자다가도 영감이 떠오르면 벌떡 일어나 녹음기에 담았다. 오밤중이라도 교인으로부터 비상전화가 오면 달려가곤 했었다. 옳고 그름에 초점을 두고 사물을 판단하는 편이었으나 그의 성실성과 완벽주의는 쉽게 범접할 수 없는 거리감을 갖게 하기도 하였다. 때로 믿음과는 아무 상관없는 지극히 인간적인 상황에 목사도 그의 아내도 휘말려 들어갈 때가 있다. 목회의 성공은 얼마만큼 인간 관리를 잘 하느냐에 달린 것 아니냐고, 그래서 질적인 내용도 중요하지만 머리수에 따라 목회의 성패를 가늠하는 것이 현실이었다. 기존 교인이 하나 떨어져 나갈 때마다 살점을 도려내는 아픔을 겪곤 하였다. 그럴 적마다 남편은 괴로워했고 혹 자신 때문은 아닐까 자책하기가 일쑤였다. '사모'로서의 한계를 누구보다 절감했던 나는 그만큼 고민도 컸었다. 3대째 기독교 가정에서 자란 남편의 성장과정은 단순했고 부모의 사랑을 듬뿍 받고 자란 농사꾼의 외아들이었다. 직선적이고 깔끔한 성격과 수학적인 두뇌가 뛰어났던 그이가 목사의 길을 택한 것은 아무래도 잘못된 선택이란 생각을 저버리지 못하였다. 손자를 하나님께 바치겠다고 서원하신 할아버지의 강권이 아니었으면 그는 분명 다른 길을 택하였을는지 모른다. 나를 만나기 전까지는 친구가 필요 없다고 말할 만큼 자기세계 속에서 자존하며 살아왔던 그이다. 나는 지금도 어디까지가 인간의 의지요 어디까지가 하나님의 섭리에 의하여 인간의 운명이 결정되는지 잘 모른다. 반면 비기독교 가정에서 9남매의 여섯째로 태어난 나는 한 번도 가족 안에서 주인공 역할을 해본 일도 없고 늘 부끄럼을 잘 타고 매사에 자신 없는 아이로 자라났다. 어릴 때부터 혼자서 예수 믿는 아이가 된 나는 교회의 가르침 속에서 인생의 가치관이 형성되었고 교육 또는 의료계통에서 일하고 싶음이 나의 목표였다. 힘들게 살아온 나의 배경은 나로 하여금 너무 일찍 철들게 하였다. 나에 비해 남편은 훨씬 곧고 평범하게 살아온 편이었다. 상반된 환경에서 만난 두 개체가 조화를 이루며 요철(凹凸)로서의 구실을 못하고 대치한 때가 더 많았다. 생각해보면 교회교육은 심장의 밑바닥에 깔려 있는 세속적인 나의 사고를 신실한 신앙인으로 잘 포장시켰는지 모른다. 포장된 신앙은 소명의식을 강화시켰고 신학교까지 가게 하였다. 이런 나를 가족들이 이해할 리가 만무했다. 나는 늘 기독교 가정을 그리워하며 살았다. 남편의 가정은 이런 나를 만족시키기에 충분하였다. 믿음의 뿌리가 약한 내가 목사 아내로서 자질은 턱도 없이 부족하다는 생각에 수도 없이 갈등하며 살아왔다. 이런 나 때문에 남편이 얼마나 목회하기에 힘들었을까 하는 자책감이 나를 많이 괴롭혔다.

그의 올곧은 성격은 교회를 떠나야할 때라고 판단이 서자 그토록 힘들게 일구어놓은 목회지를 7년 만에 떠났다. 가족 때문에 소신껏 목사의 사명을 다할 수 없는 자리에 남편을 서게 할 수는 없었다. 그러기에 가정의 울타리 역할은 내가 담당할 수밖에 없다는 생각 속에서 살아왔다. 풀타임 직장을 사임하지 못한 연유도 바로 여기에 있었음을 고백하지 않을 수 없다. 더구나 한국인의 정서로는 목회자 부부가 하나가 되어 목회에 전념하기를 원한다. 그런데 나는 영적으로도 인격적으로도 목사 아내로서의 제 구실을 못했음을 남편에게 참 미안하기만 하였다.

남편은 성도의 가정이 비틀거리고 무너져가는 모습을 보면서 전문적인 상담훈련을 받아야겠다는 현실을 누구보다 절감하였다. 믿고 기도하면 된다는 식의 고지식한 (Naive) 방법으로 가정문제 또는 결혼생활의 곤경을 도와줄 수 없다는 현실을 누구보다 절감하였다. 공부하기를 좋아했던 남편은 키치너 근교에 있는 윌프레드 로리에 대학 내 루터란 세미너리에서 상담학 공부를 시작하였다. 브램턴 지역 한인교회 3년차 담임목사로 재직하면서 그전부터 시작했던 코스 웍을 4년 만에 모두 끝낸 후 석사논문 개요를 제출하고 귀갓길에 사고를 당했다.

너무 억울하고 아까웠다. 임상 상담이나 ME(Marage Encounter) Kits가 완성 실전에 들어갔을 때 남편의 뛰어난 리더십을 보았다. 가정상담 전무가로서의 기틀이 보이는 것 같아 기뻤다. 그런데 꽃도 피워보지 못하고 어이없게 그이는 쓰러지고 말았다.

5. 뇌세포들 간의 전쟁

차츰 의식이 돌아오면서 남편은 더욱 고통스러워했고 안절부절하며 잠시도 안정을 찾지 못하고 있다. 담당의사는 뇌에 중상을 입은 환자들의 회복되어 가는 과정을 설명한 팸플릿을 주었다. 혹시 폭력을 가하던지 폭언을 하여도 당황하지 말고 오히려 좋은 신호로 받아들이라는 것이다. 평소의 인품과 성격과는 관계없이 돌변한 행동과 생각은 브레인 데미지에서 오는 결과라고 했다. 따라서 이제부터 가족의 수난이 시작될 거라는 경고까지 해주었다.

엉망으로 엉켜진 뇌세포들이 제자리 싸움이라도 하는 양 현실과 상상력이 구별 안 된 혼돈상태는 몇 개월이 계속되었다. 아침에 병실에 도착해서 제일 먼저 하는 일은 묶여진 손과 발을 풀어주는 일이었다. 젖은 침대를 갈아주고 코에 꽂혀있는 피딩 튜브와 팔에 꽂혀있는 정맥주사(IV)를 지켜보는 것이었다. 피딩 튜브는 영양공급 줄이며, 정맥주사를 통하여 24시간 흘러 들어가는 액체 속엔 치료약이 들어 있다. 부서진 뼈들을 겨우 수술로 이어놓았는데 침대에서 떨어지거나 넘어지는 날엔 위험할 수밖에 없었다. 코에 연결된 영양공급 튜브를 뽑아버릴까 봐 밤새 손발을 묶어 놓았다. 육신이 묶여있다는 것을 남편은 참을 수가 없었다. 아니, 왜 묶여야 하는지 이해조차 못하고 있다. 걸을 수 없는 자신이 상상이 안 되었다. 혼란스런 정신 상태는 남편을 몹시 괴롭게 했다. 때론 나에게 사정도 하고 때리기도 하였다. 도무지 눈물겨워 볼 수가 없었다. 사고에 대한 인식이 전혀 없는 그의 머릿속엔 의사나 간호사들이 자기의 적으로 밖에 생각이 안 되었다. 왼쪽 반신장애 상태로 살아야 하는 것이 거의 확실해진 상태였다.

수술 한 달 후 영양공급 튜브를 제거하는 날, 우리 모두는 긴장할 수밖에 없었다. 스스로 음식을 삼킬 수 있는 능력검사 과정은 긴장상태의 연속이었다. 식도와 기도가 제대로 그 역할을 담당할 수 있을 때까지 의사는 체크하는 것을 게을리 하지 않았다. 음식 조각 하나라도 기도로 들어가 염증을 유발하게 된다면 치명적인 결과를 초래할 수 있기 때문이었다. 기도에 이물질이 들어갔을 때 그것을 토해낼 수 있는 능력이 있음을 확인한 연유에야 음식을 먹게 하였다.

남편과 같은 너싱 홈(양로병원) 환자들을 나는 20년이나 돌보고 있다. 베드사이드 너싱 케어는 누구보다 능숙한 나이다. 이날을 위하여 그동안 나를 훈련시키고 몸을 다졌나 보다. 남편의 개인간병사로서는 더할 수 없는 적격이란 생각을 하며 병원 간호사들이 해야 할 많은 부분을 내가 하겠다고 하였다. 먹이고 갈아주고 목욕시키고 침대에서 들어올려 휠체어에 앉히는 일까지 힘든 줄 모르며 해냈다. 너싱 홈 실상을 누구보다 잘 알고 있기에 내 몸이 부서지는 한이 있더라도 그렇게 만들 수 없다는 각오가 나를 더 단단하게 만들었는지 모른다.

어느 날 아침 일찍 병실에 들어서니 남편의 몸 반쯤이 침대 밖으로 나와 머리가 바닥을 향해 대롱대롱 매달려 있는 것을 발견하였다. 가슴이 덜컥하였다. 간호사를 부를 사이도 없이 그이에게로 갔다. 광목천보다 질긴 리스트레인 재킷이 찢겨 있고 침대 밖으로 나오고 싶어 몸부림친 흔적이 역력하였다. 눈물이 확 쏟아져 앞이 보이지 않았다. 안쓰럽고 측은하여 견딜 수가 없었다. 손발이 묶여있는 상태에서 어떻게 이빨로 물어뜯어 옷을 벗으려 하였나 보다.

그 날 밤 나는 집으로 돌아가지 않았다. 침대 옆에서 남편을 지키기로 하였다. 여전히 그이는 혼돈 속에서 지옥과 천당을 넘나드는 것 같았다.

각 분야의 전문의는 다 동원되는 듯싶었다. 현대의학의 모든 기술과 방법을 모두 써 남편 치료에 최선을 다하고 있음이 확실할 만큼 신뢰가 갔다.

1월 26일은 뇌수술 날짜가 잡힌 날이었다. 사고 당일엔 부서진 뼈를 맞추어야 했고 파열된 위와 허파봉합 수술이 머리를 다친 곳을 수술하는 것보다 더 시급하였던가 보다. 시간이 지남에 따라 불필요한 분비물이 차기 시작했다. 이를 뽑아내는 수술을 받을 수밖에 없었다. 오픈 브레인(Open Brain) 수술이 아니고 머리에 구멍을 내어 뇌수를 뽑아냈다. 구멍이 뚫리자 마치 분수처럼 분비물이 터져 나와 수술실은 물론 집도의사의 가운까지 얼룩지게 만들었단다. 그러면서 의사인 자기들이 할 수 있는 일은 아마 10%밖에 없고 나머지는 순전히 하나님의 사업이라며 농담하며 수술은 성공적이라 하였다.

이후 의식은 좀 더 또렷해졌으나 뇌란 정묘한 컴퓨터에 초비상이 걸렸음을 금방 알 수 있었다. 남편과 나는 뜨거운 용광로 속에 내던져진 쇳물과 같았다. 연약한 쇠붙이를 강철로 만들기 위한 과정이란 마음속에서의 외침이 나를 버티게 해주었다. 그이의 몸부림에 때로는 견디다 못해 그이를 붙들고 통곡도 하고 울부짖기도 하였다. 그런데 이런 속에서도 놀라운 일들이 일어났다. 정신과 육체적인 기능은 온전히 닫힌 상황에서 영적인 활동은 그 어느 때보다 활력에 넘친 신비한 체험을 남편을 통하여 하게 되었다는 사실이다. 가장 소중하고 궁극적인 영성을 활성화시켜 이 위급한 생존을 지켜주면서 오히려 남편은 나를 위로해 주고 병문안을 온 사람들에게 훌륭한 설교를 해주곤 하였다. 나는 창세기 2장 7절을 읽고 또 읽었다. "여호와 하나님이 흙으로 사람을 지으시고 생기를 그 코에 불어넣으니 사람이 생령이 된지라…" 몸은 흙이요, 생기는 영이요, 이 영이 사람 속으로 들어가면서 혼이 살아서 움직였다 함을 다시 확인하고 싶어서였다. 생령(生靈)이 뇌 속에서 활기를 띠며 뇌세포 구석구석 잘못된 곳을 되살아나도록 사람구실을 하게 하고 있다는 믿음이 점점 강해졌다. 나는 남편이 통증으로 고통스러워할 때마다 십자가의 수난을 명상하며 예수님을 생각하자 하였다. 예수님께서 당하신 고통을 통하여 아픔을 극복할 수 있는 힘을 간구하자 하였다. 이 모든 고통이 새 생명이 태어나기 위한 필수적인 과정이라면 우리는 이를 감사하게 생각하자 하였다. 남편은 미세한 소리로 아멘 하며 받아들였다. 아! 몸과 정신이 망가지고 나니 영이 주인 노릇을 하고 있구나. 놀라운 개인적 경험의 사건이었다. 하나님과 시시때때로 영적인 교제를 하는 남편의 모습은 참으로 평화스럽고 희열에 찬 모습이었다. 이를 바라보는 나도 강건해지며 속에서 힘이 불끈 솟아오르곤 하였다.

"예수님께서는 내 몸 안에서 아주 크신 역사를 하고 계셔. 다친 곳은 모두 고쳐주시고 부족한 것은 채워주실 것이며 약한 곳은 강하게 해줄 것이라고 약속해 주셨거든" 귓속말로 들려주는 남편의 이 고백은 참으로 놀라웠다.

사실 남편은 60일간의 해밀턴 병원생활은 물론 향후 재활치료의 3개월에 있었던 일을 지금도 전혀 기억을 못하고 있다. 완전히 기억상실 상태다. 무의식의 세계가 우리가 기억할 수 있는 세계의 의식보다 열중의 아홉 또는 여덟밖에 안 된다는 말을 들었다. 무의식의 세계를 의식의 세계로 끌어올리는 작업을 많이 할수록 잠재적 개발이 활발하여 엄청난 힘을 발휘한다고 한다. 속에 감추어 있다가 생의 위기 가운데서 생동력 있게 살아가도록 우리의 성령님은 역사하고 계셨음이었다. 하나님은 우리와 늘 함께 하셨고 우리와 함께 호흡을 하고 계셨던 것이다. 이는 믿음의 세계요 이를 믿는 자에게만 그분의 현존을 느낄 수 있다는 깨달음이 확연히 다가왔다. 하나님은 체험하는 것이요, 학문적인 증명으로 가능한 것이 아님을 깨달았다.

나는 남편의 교통사고가 예정된 것인지 아니면 철저한 인간적인 실수 때문인지 잘 모르겠다. 아들의 꿈 이야기가 잊혀지지 않는다.

"엄마, 나는 지난 몇 해 동안 똑같은 꿈을 꾸었어요. 아빠 엄마가 교통사고를 당하는 장면입니다. 어느 때는 엄마 혼자서 당하기도 했고요. 늘 마음이 불안했어요. 아빠의 교통사고는 필연적인 운명일까요?"

이 질문에 어떻게 대답할 수 있을까. 분명 어떤 섭리에 의하여 일어난 것이 아니냐는 질문을 수없이 하고 있었던 때에 아들의 꿈 이야기는 많은 생각을 하게 하였다.

6. 기적같은 생성(生成)

2월 1일 드디어 코에서 피딩 튜브를 제거하는 날이었다. 아직도 남편의 목소리는 잠겨있는 상태였다. 처음 입으로 음식이 들어가는 날, 또 한단계 뛰어오르는 기념적인 날이었으나 이물질(異物質)이 기도로 들어갈 경우 이를 뱉어낼 능력이 없기 때문에 참으로 조심하지 않으면 안 되었다. 허파도 회복이 되었고 위의 상처도 치유된 듯 싶으나 망가진 다리뼈의 회복은 아직 먼 듯 싶었다. 침대에서 떨어지지 않게 하기 위해 밤에는 여전히 리스트레인(Restrain) 재킷을 착용해야 했고 결과적으로 신체적인 구속은 어쩔 수가 없었다.

안절부절 어쩔 줄 몰라 하는 남편을 들어올려 수없이 침대에서 휠체어로 앉히고 눕히는 일이 반복되었다. 남편은 의사나 간호사, 심지어는 나까지 한패가 되어 자기를 위해하고 있다며 투정을 많이 부렸다. 현실을 인지하지 못한 채 망각의 세계를 오르내리는 정신상태는 몇 개월이나 계속되었다. 폭언과 난폭한 행동은 곧 머리회복의 과정이라며 치료 팀들은 나를 위로해 주고 있지만 종종 이를 지켜보아야 하는 친정어머니의 마음은 얼마나 참담하셨기에, 사람 구실 못 하겠거들랑 차라리 죽고 말지 하시며 우시곤 하셨다. 고생하는 딸이 너무 불쌍하여 견딜 수 없어 하시는 어머니의 마음을 어찌 내가 헤아리지 못하였겠는가. 다른 한편으로는 섬기던 교회의 식구들이 방문하는 날에는 목사 본연의 자세로 돌아가는 것을 신기한 모습으로 바라보았다. 함께 이야기를 나누고 기도하는 모습 속에서 회복될 수 있는 희망을 보았다. 실제로 눈에 띄게 좋아졌다. 교인들도 알아보았고 이야기도 조리가 있었다. 부서진 뼈 대신으로 허벅지 안엔 세 개의 긴 쇠심이 들어 있다. 그럼에도 뼈가 자라 뼈와 뼈 사이의 공간을 메우지 못하면 뼈 이식수술을 해야 하고 그렇게 되면 3월 말에나 퇴원할 수밖에 없다는 말에 참으로 암담하였다. 어떻게 한 달을 이 객지에서 버틸 수 있겠는가. 당시 남편의 나이는 57세였다. 이론적으로는 거의 불가능한 상태였다. 담당의사의 말대로 기적을 바랄 수밖에 없었다. 남편은 걱정하지 말란다. 예수님이 고쳐주신다고 했는데 믿고 기다려 보잔다. 뼈가 자라기 시작한다면 2월 말경이면 퇴원할 수 있다 하였다. 2월 중순, 사진 결과가 나왔다. 뼈가 조금씩 자라고 있단다. 이런 기쁜 소식이 또 있나. 수술할 필요가 없다며 기적이라 하였다.

퇴원 일자가 가까워지면서 어쩐 일인지 남편의 상태는 다시 악화되었다. 잠자는 시간이 늘어나며 정신적인 혼란은 더욱 심해 갔다. 그러나 일단 토론토의 웨스트 파크 병원에 입원이 결정된 후라 연기시키거나 취소할 수가 없었다. 입원실 확보가 보장되지 못한다는 것이 원인이었다. 2월 28일 일단 토론토 웨스트 팍 재활병원에 입원을 했다. 그러나 상태는 더욱 나빠졌다. 모든 검사 결과 두 번째 뇌수술을 해야만 살아날 수 있다는 결론이 내려져 우리는 다시 해밀턴 병원으로 쫓겨 갔다. 3월 1일 밤 결국 그이는 해밀턴 병원에서 두 번째 뇌수술을 받았다. 신경외과 병동 입원실에 우리만 달랑 내던져진 기분이었다. 60%의 불순물만 흘러나오게 하고 나머지는 머리 속에 튜브를 삽입시켜 저절로 가는 호스를 통하여 흘러나오도록 하였다. 콧속을 통하여 양분을 공급한 그 때보다 비교도 안될 만큼 철저한 감시를 해야 했다. 일주일 동안 뇌 속에 차있던 불순물을 모두 뽑아낼 때까지 고통은 극에 달하였다. 그이의 손과 발은 한치도 움직일 수 없을 만큼 묶여 있고, 몸부림치며 고통스러워하는 그이를 바라보는 나는 견딜 수 없는 아픔으로 괴로워했다. 열쇠가 없으면 나도 풀어줄 수가 없게 만들었다. 피가 섞인 액체가 가슴에 부착해 놓은 플라스틱 용기에 채워지면 쏟아버리고 하기를 몇 차례나 하였다.

염려 말고 쉬라고 권하는 간호사의 말에도 나는 아랑곳하지 않았다. 내가 24시간 함께 하였어도 그의 육신은 침대에 완전히 묶여놓은 상태였으니 그 고통의 순간을 함께하는 것만으로도 그이의 고통이 덜어질 것만 같았기 때문이었다. 일주일간의 병동생활은 지옥이 따로 없었다고 할 만큼 그이도 나도 힘든 시간을 보냈다. 불필요한 수액이 모두 빠져나왔음이 확인되고서야 그이는 다시 웨스트 파크 병원으로 재입원되었다.

재활병원(Rehabilitation Hospital)으로 디자인된 이 병원의 시설은 참으로 훌륭하였다. 뇌수술 후 회복 치료병동엔 거의 반신 또는 전신장애 환자들이었다. 자신의 장애를 여전히 인식하지 못하는 남편의 안전을 위해 달 반가량 침대 대신 독실 병실 바닥에 매트리스만 깔고 한국식 온돌방에서 지내는 것처럼 해주었다. 간호사들은 정성을 다하여 그이를 돌보아주었고 담당 의사인 닥터 퀸은 남편의 회복을 위하여 성의 있게 애정을 가지고 최선을 다하고 있음이 믿음직스럽고 고마웠다.

7. 미니 리트릿(Mini-Retreat)

4월부터는 주말 외출이 허용되었다. 이 날은 셋째 주일 오전이었다. 시댁에서 하루를 지내는 동안 갑자기 남편은 자신이 반신장애를 입은 것을 인지하게 되었다. 남편의 얼굴엔 절망적인 표현과 함께 몹시 당혹스러워하며 어쩔 줄을 몰랐다. 그이는 통곡을 하며 울부짖었다. 쓸모없는 인간이 되었다는 현실을 대한다는 것은 참으로 두려운 일이었다. 우리가 또 넘어야 할 두 번째 문턱에 도달한 것이다. 우리는 부둥켜안고 울고 또 울었다. 그러나 이렇게 울고만 있을 수는 없었다. 나는 울음 섞인 목소리로 찬송가를 불렀다.

"나 같은 죄인 살리신 주 은혜 놀라와…." 찬송가 405

장을 남편도 따라 불렀다. 결국 우리는 두 손을 잡고 새 생명을 허락해주신 것을 감사하며 기도를 드렸다. 이제부터 우리의 간구는 정신과 영혼을 위한 기도의 이어짐이 계속되는 길만이 육신의 장애를 극복해 나갈 수 있으리라 믿었다. 주일 밤 우리는 다시 병원으로 돌아갔다. 월요일 아침 나는 닥터 퀸에게 전날에 있었던 일을 말해주었다.

"참 축하합니다. 이젠 침대를 쓸 수 있습니다"

그는 남편과 악수를 하며 기뻐했다.

자신의 상태를 인지한다는 것은 독실 방바닥 생활을 면하는 길이며 침대에서 떨어지지 않도록 조심할 수 있는 능력을 가지고 있다는 말과도 같은 것이었다. 분명 한단계를 뛰어 오른 날이었다. 2인용 침실에 밖을 훤히 내다볼 수 있는 창가 옆 병실로 옮겨주었다. 창문 밖의 잔디가 유난히 파랗게 보였다. 봄꽃들은 다투어 피어오르고 부활의 소망이 가슴을 벅차게 해주었다.

5월 둘째 주말은 아들 종훈이와 함께 지내기로 하였다. 우리의 소식을 듣고 텍사스 주에서 목회하고 있던 친구 이금웅 목사가 찾아왔다. 더욱 반가운 것은 이우정 교수께서 우리를 보기 위해 마침 김대중 야당 총수의 수행원으로 왔다며 방문해 주셨다. 거기에다 1박 2일의 토론토 체류기간 중 우리와 함께 주일예배를 드렸다. 얼마나 위로가 되고 감격적인 미니 리트릿(Retreat)이었는지 모른다. 선생님의 품은 마치 어머니의 품안같이 따뜻하였다.

하나님께 간구하는 선생님의 기도는 오랫동안 내 가슴 속에 남아 스승의 사랑을 간직하였다.

선생님은 신학교 재학시절의 스승이었고 졸업 후 한신 연구원 시절엔 더욱 가까워져 유난히도 우리를 아껴주셨고 사랑해 주셨다. 남편의 교통사고를 접하면서 몹시도 마음 아파하셨던 분이다. 1992년 5월 기장 여교역자 교육대회에 참석해 달라는 연락을 받고 고국방문 차 떠날 때 캐나다 한인여성회에서는 나에게 정신대에 관한 모든 자료를 구해오라는 역할까지 부여했다. 그때 선생님은 마침 코리아나 호텔에서 열린 태평양전쟁 희생자 증언듣기 모임에 참석하도록 마련해 주셨다. 세 분의 종군위안부 할머니와 징용으로 끌려갔던 생존자와 가족들로부터 전쟁의 참혹상을 들을 수 있었다. 뿐만 아니라 일본 야당 국회의원과 일본 인권변호사로부터 이 문제해결의 철저한 진상 규명과 해결책을 논하는 귀한 자리에 초청해 주셨다. 이효재 교수를 비롯하여 김경희 정대협 총무를 통하여 필요한 모든 자료를 입수할 수 있도록 도와주었고 이를 바탕으로 캐나다 한인여성회는 나를 위원장의 자리를 맡겨 진상규명은 물론 황금주 정신대 할머니와 김경희 총무를 초청하여 진상대회를 열 수 있도록 바탕을 마련해 주었다. 모든 재정적인 뒤받침은 캐나다 교회협의회(CNCC)에 속한 캐나다 연합교회교단, 캐나다 장로교단 성공회 등에서 해주었다. 캐나다 언론에 알리는 대대적인 행사를 치룰 수 있도록 한 배경은 이 교수님의 도움이 컸었다. 이우정 교수님은 2003년 6월 3일 별세하셨으며 모국에서 사회장으로 치러지는 TV 영결식을 바라보며 참으로 많이 울었었다.

8. 직장 복귀

재활원 입원 한 달 후 나는 다시 직장으로 복귀하였다. 환경을 바꿔보고 싶기도 하였고 이제부터는 그이로 하여금 홀로서기 연습을 시키는 것이 중요하다는 치료 팀들의 권고로 일터에 다시 돌아갔다. 내게 맡겨진 환자들과 남편을 생각하며 정성스럽게 돌보는 자세가 더해 갔다. 쉬는 날엔 남편과 한밤을 지내며 그이의 병실생활을 지켜보았다. 정말 엉터리없는 짓을 참 많이 하고 있다. 간호사들의 고생도 따라서 보통이 아니었다. 내 환자들 역시 남편과 같은 행동을 하는 사람들이 대부분이었기에 간호사들의 고충을 누구보다 잘 이해할 수 있었다. 이런 관계로 인해 병원 치료진들과 특별한 관계가 형성되었다. 의료진들의 최대의 관심은 뇌의 기능을 할 수 있는 한 정상으로 회복시키는 일이었다. 적어도 일상생활만큼은 스스로 처리할 수 있는 라이프 스킬(Life Skill)을 처음부터 다시 배워야 하기 때문이었다. 지적인 쇠퇴와 감정조절 기능의 저하로 본인은 물론 가족까지 겪어야할 험한 길을 감수해야 하는 것은 결코 쉬운 일이 아니었다. 육체의 반쪽만 사용하여 살아가도록 훈련시키는 과정은 남편도 나도 참 고통스런 일임엔 틀림없겠으나 막상 고통의 한가운데 있는 나보다 가족들과 친구들이 더 힘들어 하였다. 하루 중 가장 힘들었던 것은 병원에 혼자 떼어놓고 나와야 한다는 것이었다.

하루는 집에 가려고 나서는 내 등 뒤에 대고 남편은 소리쳤다.

"혜기, 넌 누구이기에 나를 이토록 꼼짝 못하게 만드느냐? 너한테 완전히 사로잡혔다. 너는 내 반쪽이고 네가 있어야만 난 완전케 되는 거야. 나는 너를 사랑한다. 네가 없다는 것은 상상도 안 돼, 가지 마" 이렇게 애원하는 것이었다. 이 소리는 다음 날 다시 만나는 날까지 계속 귀속에서 메아리처럼 울렸다. 내가 영영 떠날 것이라 생각되었나? 그 당당한 패기는 어느 구석에서도 찾아볼 수가 없었다. 가슴이 미어지는 것 같았다. 이런 순간들은 수없이 반복되었다. 자식 같은 남편이 말이 되는 말일까. 후에 이런 말을 했던 것조차 기억을 못하고 있는 남편을 나는 종종 놀려대곤 했다. 내 말을 잘 들으라고 하면서 말이다. 재활원의 환경은 정말 아름답다. 뒤에서 휠체어를 밀며 주변을 산책할 때는 그이도 나도 그지없이 마음의 평화를 누리며 이만 하길 참 다행이지, 하늘을 향한 마음속엔 가족들과 모든 치료 팀들, 그리고 친구들과 우리를 위해 기도하고 있는 분들에 대한 감사한 마음으로 가득 차게 된다.

참으로 많은 분들이 남편의 회복을 위해 기도로 응원해 주신다는 소식에 접할 때마다 그 사랑의 빚을 어떻게 갚아야 할지 말로 다할 수 없다.

브램턴 교회 식구들, 특히 지인상 목사님을 비롯한 엄장효 ·조정웅 집사님, 그리고 김만영 권사님의 사랑의 돌봄이 그토록 고마울 수가 없었다. 정기적으로 방문해 주신 김익선 목사님, 장활천 목사님, 그리고 여러분의 동료 목사님들의 후원은 남편의 회복을 참으로 많이 도와주었다. 이상철 목사님은 수시로 방문해 주셔서 격려해 주고 용기를 북돋아 주시곤 하였다.

웨스트 파크 병원은 1904년에 폐결핵 전문치료 요양원으로 지어졌다고 한다. 결핵환자의 감소에 따라 현재는 재활치료 전문은 물론 장기입원 환자들의 요양원 시설도 잘 갖추어져 있다. 그이가 입원했던 3층 병동은 세 그룹으로 나뉘어 알츠하이머 환자 유닛, 앰퓨티(팔다리 절단 수술 환자) 유닛, 스트로크 또는 헤드 인저리 환자 유닛으로 구분되어 재활치료에 집중하고 있었다.

9. 너싱 홈 대신 집으로

당시만 하여도 병실이 태반으로 부족했던 때라 너싱 홈 입원은 쉽지가 않았다. 가정의 닥터 최의 후일담을 잊을 수가 없다. 해밀턴 병원에서 토론토 웨스트 파크 병원으로 입원수속을 할 때 병원 측에서는 가정의가 만일의 경우를 대비하여 너싱 홈을 찾아줄 것을 보장하라 하였다 한다. 재활치료에도 불구하고 만성 불치환자로 남게 될 것을 우려해서 가정의의 대답을 듣고 입원이 허락되었단다. 재택치료가 불가능상태였을지도 모르면서 조치를 취해준 우리 가정의가 참 고마웠다.

남편이 해밀턴 병원에 실려 왔던 날 역시 교통사고로 중상을 입은 40대 초반의 초등학교 교사가 입원되었다.. 어린 딸과 남편은 잠시도 환자 곁을 떠나지 않고 지켜보았으나 결국 전신장애로 인해 너싱 홈으로 보낼 수밖에 없었던 경우를 기억하고 있다. 아름답고 젊은 모습을 보여주었던 그분은 어쩔 수 없이 가족과의 헤어짐을 감수해야 했다. 울며 매달렸던 어린 딸이 눈앞에서 한동안 아른거리는 아픔을 경험하였다. 그분들께는 미안했지만 우리는 행운이라 생각하고 대기하고 있던 앰뷸런스에 실려 너싱 홈이 아니고 토론토의 재활원으로 이송되었다.

드디어 남편은 재활원 생활 6개월 후 그 긴 병원생활을 뒤로 하고 새로이 마련된 보금자리에 우리의 둥지를 틀었다. 그때가 1994년 8월 9일, 중복더위가 한창이었을 때였다.

사람은 누구나 자기 내부에 절망의 구덩이를 껴안고 살아가고 있다. 아무도 들여다볼 수도 없고 구원의 손길을 내밀어 주지 않는 구덩이! 그래서 우리가 사는 삶은 지극히 개인적인 체험이 바탕을 이루고 있다. 이 개인적인 체험이 이웃과 나누어지면서 공감대를 형성해가고 또 다른 질서를 만들어가며 공유하게 된다. 승화시키는 과정은 '인내'의 연속이며 마침내는 희망을 끌어안고 삶의 의미를 찾게 된다.

우리의 친구 조정웅 님은 『A Healing Family』란 한권의 책을 선물로 주었다. 영문판이었지만 정성껏 읽었다. 이 책은 '오에 겐자부로'가 노벨 문학상을 받은 후 첫 번째로 쓴 책이었다. 이 작품은 정신지체, 자폐증, 빈약한 시력, 때도 없이 일어나는 발작증 등으로 고통받는 아들 히까리를 키우며 쓴 자서전적인 글이다. 설사 살아난다 하여도 식물인간밖에 될 수 없겠다는 의사의 선언에도 불구하고 저자 부부는 이 아이를 키울 것을 결심하였다. 키우는 과정에서 온가족(저자부부와 삼 남매)은 내적 치유함을 받게 된다.

부부는 복합장애인 히까리가 의외로 소리에 예민한 반응을 보이자 음악공부를 시키기 시작하였다. 기막힌 인내와 노력, 사랑으로 마침내 작곡까지 할 수 있게 된다. 그의 나이 31세 때에는 두 개의 CD 제작발표회를 가졌다. 이 아들에게 촉발되어 쓴 소설이 『개인적 체험』이라 하였다. 이 소설은 1994년 노벨문학 수상 작품이 되었다.

이 책에서 장애인 아기로 태어날 것을 알고 괴로운 세상에서 끊임없이 달아나려고 발버둥치며 괴로워하는 주인공이 아기를 쇠약사시키려는 심리묘사를 기막히게 표현하였다. 마지막 장에서 주인공으로 하여금 아기를 쇠약사시키는 대신 수술을 받게 하여 살리는 장면이 나온다. "이 소설을 발표할 당시, 독자들의 기대를 지평에 함몰을 일으킨 것이라는 문학비평가들로부터 집중적인 비평을 받았다. 그러나 저자는 문학성에 대한 것보다 더 중요한 것은 아들 히까리를 양육하기로 결심한 작가의 내면에 더한 무게를 두고 그렇게 결론지은 것을 후회하지 않는다"(개인적 체험, 에필로그에서)고 했다.

나 역시 이 마지막 장면 때문에 답답했던 가슴에 빛이 비치는 것 같은 안도의 숨을 내쉴 수가 있었다. 아들 히까리를 껴안고 몸부림치는 아버지 '오에 겐자부로'의 생명에 대한 존엄성과 신비한 생명력에 매달려 끝까지 포기하지 않는 그 마음은 내 속에서도 샘물처럼 온몸에 흐르며 남편에 대한 희망을 버리지 않았다.

앞에서도 말했지만 교통사고 이후 4개월이 지나고 나서야 비로소 그이는 몸 한쪽을 못 쓰게 된 것을 인지하였다. 그때 그이는 엄청난 충격을 받았다. 쓸모없는 사람이 되었다는 절망감, 지금까지 쌓아온 공든 탑이 와르르 무너지는 참담함이 그의 가슴을 내리친 것이다. 우리에게 절망은 죽음에 이르는 병이라는 것을 잘 알고 있다. 그러나 절망 저편에 빛이 있다는 믿음이 신앙인의 자세라는 것을 알고 있었음에도 자신과의 싸움이 시작되었다는 절박함이 우리를 못 견디게 만들었다.

10. 혼신의 절규

새벽 일찍 울음소리에 잠이 깨었다. 응접실에서 들리는 소리였다. 녹음테이프에서 들리는 복음 성가 '내 너를 도우리…'를 따라 부르며 그이는 계속 오열 속에 잠겨있다. 가슴이 뭉클해지면서 안쓰러워 견딜 수가 없다. 나도 모르는 사이에 뒤에서 어깨를 감싸 안았다.

영혼과 육신이 혼신을 다하여 '일어나 걸어라,' 이 절규는 퇴원하고서 삼 년이나 계속되었다.

몸의 중심을 겨우 잡고 지팡이에 의지하여 몇 발자국을 뗄 수 있는 것도 1년 동안 토론토 재활원에 통원 물리치료 후에서나 가능하였다. 남편은 4년 동안 결혼과 가정상담 연구를 하는 데 심혈을 기울였다고 앞에서 말하였다.

남편을 위하여 참으로 많은 분들이 안타깝게 기도하며 격려해 주었다. 이 기간 동안 한인사회 봉사회에서는 핫라인을 설치하여 가정상담을 할 수 있도록 해주었고, 여러 교회에서 간증설교의 부탁이 왔다. 정 목사를 통하여 하나님의 기적을 보기 원하는 듯 싶었다.

'나의 고목에도 꽃이 필 수 있을까' 이는 남편의 설교주제였고 스스로를 고목이라 칭하고 이 마른 나무에 하나님께서 꽃을 피우는 역사가 일어나기를 간절히 기도하였다.

남편의 교통사고 회복과정에서 많은 사람들이 남편에 대한 공통적인 소망과 기대감이 있었다. 아니, 바람이라는 것보다 확신에 가까운 그런 반응이었다.

"하나님께서 목사님을 크게 쓰시려고 연단시키는 것입

니다.”

“아주 큰 목회자로 기르기 위함입니다.”

“이제부터 사모님도 목사님도 부흥집회를 다니셔야겠습니다.”

사고 2년 후 어느 수요일, 토론토에서 가장 큰 Y교회 여선교회 헌신예배 초청설교를 하게 되었다. 남편은 설교하고 나는 특송으로 ‘나의 등 뒤에서 도우시는 하나님…’이라는 복음성가를 불렀다. 수백 명의 신도들이 아멘으로 화답하였다. 부흥회가 따로 없었다. 하나님께서 크게 쓰시려는 계획이 있어 교통사고를 통하여 시련과 연단을 주신 것이라 믿고 나도 남편도 그렇게 생각하며 여러 곳의 설교초청에 응하였다. 이러는 가운데 남편의 회복은 눈에 띌 만큼 좋아졌다. 그러나 남편은 결코 부흥강사는 될 수 없었다. 나 역시 부흥강사의 아내로서는 실격이란 점을 너무도 잘 알고 있다. 더욱이 다친 머리의 회복은 아직도 불투명했던 때였다. 설교를 할 수 있다는 것만도 기적이었다.

예배 후 담임 목사님의 코멘트가 아주 재미있었다.

“정 목사님, 오늘 저녁 말씀은 나라면 1년 동안 간증설교를 할 만큼 대단한 내용이 담겨져 있더군요.”

나는 이 말에 함축된 이면의 뜻을 생각해 보았다. 노련한 부흥강사 같았으면 남편의 그 엄청난 신앙체험 하나하나를 주제로 하여 충분히 신도들을 감동시키고 성공적인 집회를 이끌어 갈 수 있었을 것이다. 그러나 나의 남편 정 목사는 부흥강사로 태어나지도 않았고 능변한 사람도 못되며 대중을 휘어잡을 만한 카리스마적인 면도 없음을 안다. 그저 그가 믿고 경험한 대로 말씀을 전하고 고백할 따름이었다.

남편을 통해 이루려는 하나님의 섭리가 진정 무엇인지 나는 잘 알 수가 없었다. 하지만 그가 할 수 있는 작은 일부터 시작하려는 계획이 있음을 알게 되었다. 기적같이 소생한 그이의 모습은 마음의 상처를 안고 찾아오는 사람들에게 많은 위로가 되었고, 4년 동안 심혈을 기울여 공부한 가정상담은 자신의 내적 치유에 깊은 영향을 미치고 있음을 보게 되었다. 몇 분의 부부들이 다녀갔다. 무너져가는 가정을 그대로 지켜만 볼 수 없어서 정 목사에게 상담을 요청하는 분들과 많은 시간을 보냈다.

이 분들은 이미 여러 목사님을 만나 가정문제 상담을 받았던 분들이었다. 대부분 기도하고 믿음이 생기면 다시 가정이 회복되고 문제가 해결될 거라고 충고했다는 것이다.

전형적인 목사로서의 충고가 인간 사이에 얽힌 문제들의 해결을 볼 수 없다는 것을 남편은 너무나 잘 알고 있었다. 비록 뇌신경의 손상으로 해서 오는 한계성이 있었음에도 불구하고 이런 때의 그의 모습은 흐트러짐 없이 놀라울 만큼 정성스럽게 이야기를 들어주며 스스로 문제의 핵심을 보게 해주었다.

제2장
치유의 과정

1. 사랑의 캠프

1995년 5월 어느 주일, 밀알교회 예배에 참석하게 되었다. 마침 장애인 선교의 사명을 띠고 한국의 밀알선교단에서 파견된 최 목사님 소개가 있었다. 장애인 선교란 말에 아! 바로 이것이구나, 영감처럼 떠오르는 것이 있었다. 나는 몇 차례에 걸쳐 최 목사님을 만나 장애인을 위한 공동관심사를 나누었다. 이 일이 바로 정 목사가 해야할 일이라는 믿음이 생겼다. 대체로 사고 이후의 후유증으로 몹시 고생하는 통증에 시달림도 없고 몸의 건강도 회복되었으나 반신 장애자로서 일생을 살도록 하게 하는 이유를 발견하였다. 나는 이를 하나님의 섭리라 생각하였다. 우리는 이를 위하여 기도하였다. 마침 11월에 토론토 한인회 주최의 '일일장애인' 행사가 복합문화 건강 센터에서 열렸다. 여기에 남편과 최 목사가 패널리스트로 초청을 받았다. 몇 분의 장애인이 함께 하였다. 모임 후 그분들을 만났다. 소아마비로 하반신마비를 입은 이성민, 그리고 중도장애를 입은 임청신 두 분과의 만남은 여간 반가운 일이 아니었다.

우리는 그냥 헤어질 수가 없었다. '스스로 돕는 그룹(Self support group)'을 만들자는 데 합의를 보고 첫 번째 모임이 우리 집에서 이루어졌다. 모임을 거듭하다 보니 열두 분의 장애인이 함께 하게 되었다. North York Centre Food Court 안에 한국인이 경영하는 식당 한구석에서 토요일에 만날 때마다 자리를 허락해주고 저렴한 값으로 음식을 제공하며 특별한 배려를 해주었다. 배우자들도 함께 하여 우리들의 모임은 정기적인 만남이 되었다. '성인장애인' 모임이란 이름을 짓고 일정한 모임 장소는 없었으나 만남의 날을 기다리며 정해진 장소에 모여 우리들의 이야기는 끝이 없었다.

이러던 중 북미주 밀알선교단 주최의 '사랑의 캠프'에 참가하지 않겠느냐는 연락이 왔다.

1996년 6월 22일부터 24일까지의 2박 3일간 사랑의 캠프가 바로 그것이었다.

쾌적한 날씨, 연록의 물결이 나뭇잎마다 한데 어울려 끝 갈 데 없는 듯 숲속의 터널을 거쳐 신혼 여행지로도 이름이 나있는 펜실베이니아 주 포코노 휴양지에 도착하였다. 이곳엔 한국인이 경영하는 'Pocono Spring Motor Lodge'가 있다. 이 아름다운 동산에서 북미주 7개 도시에서 모여든 밀알선교단 가족들은 아이들과 어른들이 함께 엉키기도 하고 따로 따로 만들어진 프로그램에 따라 캠프는 시작되었다.

22일 늦은 오후가 되니 워싱턴에서는 두 대의 대형 버스로 30여 명의 장애 어린이들과 이를 돌보는 가족과 수십 명의 자원 봉사자들을 내려놓았다. 열두 시간을 운전해서 왔다는 시카고 식구들, 뉴욕, 남가주, 뉴저지, 필라델피아, 그리고 우리 토론토 일행이 한데 모였다.

한번도 경험해 보지 않은 장애인 캠프였기에 그 망설임도 적지 않았다. 우리 일행 중에는 하반신을 전혀 못 쓰는 자매도 있고 뇌성마비로 보행도 언어도 불편한 청년도 있다. 뇌진탕, 뇌종양 수술 후 또는 안전사고, 교통사고 등으로 반신장애를 입은 분들이기에 먼 길 나들이하기엔 모험이 따랐다. 그러나 건강했더라면 생각지도 못할 이 특별한 여행길에 나서게 되었다는 감사와 기쁨으로 모두 즐거워하고 있다. 토론토에서 적어도 아홉 시간은 운전해야 가는 곳, 우리 부부, 장애인 아내를 둔 장활천 목사 부부, 운전을 맡아준 자원봉사자 조정웅 님이 한 팀이 되어 캠프 전날에 도착하였고 최찬권 목사님과 민범식 목사님, 다섯 분의 장애인과 봉사자 일행은 주일 아침에 출발하여 당일의 강행군이었음에도 무사히 시작 시간 전에 도착하였다.

첫 날 저녁 테드 수양관엔 장애 어린이들이 약 50명, 그리고 어른 장애인들이 20여 명, 장애인 가족과 자원 봉사자들과 합하여 약 300여 명이 모였다. 이렇게 많이 모인 캠프에 참석하기는 처음이었다. 선교단 주최여서 그런지 시종일관 새벽부터 예배로 시작하여 늦도록까지 장애인들이 감당하기에는 벅찬 빽빽한 프로그램이었으나 잘도 견디며 따라했다.

장애인 자신들과 가족이 각각 따로 만나는 시간도 마련되었고 중간에 장기자랑이나 미니 올림픽, 캠프파이어 등 다채로운 프로그램으로 참가자들을 즐겁게 해주었다. 장애아동을 중심으로 마련된 '사랑의 교실'에서 아이들의 즐거운 웃음소리와 진지한 표정으로 열심을 다하여 만들고 그리는 창작활동, 성경이야기를 듣고 예배드리는 모습이 귀엽고 대견스러웠다.

청각장애인을 위해서는 수화를 통하여, 시각장애인을 위해서는 안내자가 함께 하고, 휠체어에 앉은 신체장애인들은 뒤에서 밀어주었다. 자폐아동이나 정신지체 아이들은 일일이 일 대 일로 자원봉사자가 붙어 있어 눈이 되어 주고 귀가 되어 주고 손발이 되어 주고 친구가 되어 주었다.

캠프 다음날 월요일엔 작은 그룹으로 나눠진 시간에 장애인 가족과 만남의 시간이 이루어졌다. 비록 10여 명 안팎의 수였지만 부모 역할, 배우자 역할, 거기에 더하여 간병사의 역할까지 감당하며 살아온 이야기들이 끝이 없었다. 3년 전 교통사고로 중증 신체장애 아들과 함께 온 훈이 엄마는 그냥 울고만 있다. 그토록 똑똑하고 장래가 촉망되었던 스물일곱 살 난 아들, 환자용 휠체어에 몸을 가누기도 힘든 그 아들을 데리고 이곳까지 왔다. 우리와 함께 그 긴 세월의 고통과 아픔을 나누는 동안 마음의 안정을 다시 찾는 듯싶다. 그렇다. 장애인 가족이 똑바로 서지 않으면 함께 무너지고 만다.

무엇보다도 우리를 감동케 한 것은 장애인들 자신이었다. 아이들은 아이들대로 수영을 하며 즐기기도 하고 공작 시간이나 야외놀이 때엔 열심히 만들고 놀이에 참여하고 있다. 율동과 성경 이야기를 들으며 예수님을 배우는 모습이 귀엽다. 어른들은 서로 '마이 스토리'를 들려주며 장애를 받아들일 때까지의 고통스러웠던 이야기, 장애를 끌어안고 어떻게 살아가고 있는가, 서로 묻고 대답하며 진지한 표정들이다. 고통은 나눌수록 적어지나 보다.

뇌성마비 후유증으로 중증 장애인이 된 송명희 시인의 노래, '나 가진 것 없어도'를 부르고 있는 시각 장애인 엘렌 양의 노래는 가슴 뭉클한 감동을 주었다.

> 나 가진 재물도 없고 건강도 있지 않으나
> 남이 못 보는 것 보았고 듣지 못함을 들었고
> 남이 받지 못할 사랑 받았고 남이 모르는 것
> 깨닫게 해주었으니 하나님은 공평하시다

이 노래가 어찌 송 시인의 노래만 되겠는가. 여기 참석한 장애인들의 고백이며 가족들의 고백이 되지 않았을까. 청각, 언어장애를 입은 한 형제의 어눌한 목소리지만 또박또박 간절한 기도를 잊지 못한다.

"…하나님의 사랑을 전하게 해주시고 경험케 해주시고 위로해 주시는 하나님. 장애 입은 부분에 새 힘을 주옵소서. 하나님의 놀라운 계획이 있음을 깨닫게 하여 주옵소서. 장애자를 깊이 이해하셨고, 고쳐주셨고, 사랑해 주셨던 예수님의 돌보심이 성령을 통하여 오늘 이 자리에 우리와 함께 하심을 믿습니다…."

시편 84장 1~4절의 말씀대로 하나님을 의지함이 얼마나 축복되고 복이 있는가를 실감케 해주는 현장이 바로 그리스도 안에서 믿음으로 뭉쳐진 이 사랑의 공동체였다.

우리는 토론토 귀갓길에 마침 뉴저지에 살고 계신 문동환 박사님 댁을 방문하기로 하였다. 조정웅 님과 우리 부부만의 길이었다. 수십 년 만에 뵙는 사제 간의 만남이었다. 우리보다 1년 먼저인 1961년에 마흔이 넘은 노총각 문 박사는 하트포드 대학 시절 친구 훼이와 결혼하여 한신 캠퍼스 안의 사택에서 이웃하여 살고 있었다. 그때만해도 선교사 또는 여교수 밑에서 기독교 교육의 학문적인 면보다 창작활동과 교회교육의 실제 등 학문으로서의 깊이와는 거리가 멀었다. 이때 기독교 교육 전문교수의 출현은 우리들의 눈을 번쩍 뜨게 하였다. 졸업반 1년 동안 기독교 교육의 진수를 맛보게 되었다. 오랫동안의 미국생활을 접고 미국인 아내와 귀국하신 문 박사님의 모습은 분명 나에게 있어서는 획기적인 충격이었다. 미스터 정과 나는 약혼상태에 있었으나 아직도 결혼에 대한 확신이 없었을 때였다. 지난 3년 동안의 기독교 교육이 주일학교 이상의 수준을 넘지 못한 것이었다면 졸업반 1년 동안 받은 교육은 진정 학문으로서 기초를 닦아온 기간이었다. 훤칠하고 멋있게 생긴 교수의 모습에 열정적인 명강의는 우리들의 화젯거리가 되었다. 교수에 대한 매력은 나로 하여금 충실한 학생이 되게 하였고 졸업과 동시에 기독교 교육 연구원 개설의 꿈에 부풀었던 그분에게 발탁되어 연구원 생활을 시작하였다. 결혼도 삶 자체도 비관적이고 부정적인 시각으로 바라보며 살았던 나의 사고를 완전히 긍정적인 방향으로 돌려놓은 분도 그분이었다. 그때가 1962년, 12월 19일, 나는 졸업 1년 후였고 미스터 정은 대학원 졸업반 때 우리는 마침내 결혼하게 되었다.

1년이 넘도록 한신 캠퍼스 울타리 밖에 사는 전신장애인을 말없이 돌봐주셨던 모습, 가정부 처녀를 학교에 보내면서 간호사로 자립할 수 있게 하는 모습은 우리로서는 상상할 수 없는 이웃 사랑의 실천가였다.

문 박사님뿐만 아니라 대부분의 교직원이 한신(韓神) 울타리 안에서 살았던 시절이었다. 교수님들을 가장 가까이에서 볼 수 있었던 10여 년 간 수유리 생활은 당시 신학계의 기라성 같은 교수 가족들과 우리는 한 울타리 안에서 그분들의 삶의 모습까지 지켜볼 수 있었다. 교직원 부인들은 매달 함께 모여 기도회 모임으로부터 시작하여 독서회, 훼이와 함께 영어공부 등 잊을 수 없는 캠퍼스 생활을 누렸었다. 비록 넉넉지 못한 살림살이였지만 풍요로운 정신생활을 누렸던 때였다.

문 박사의 형님이었던 문익환 교수를 비롯하여 김재준, 김정준, 정대위, 박봉랑, 전경연, 서남동, 이우정, 이장식 정하은 등 여러 교수님들의 가르침은 우리의 양식이 되었고, 우리는 참으로 복 있는 제자였다. 하버드에서, 예일에서, 프린스턴에서, 영국에서, 토론토 임마누엘 신학교 등에서 공부하고 오신 분들이었다. 뿐만 아니라 성직의 길을 걸으시며 삶의 현장이 곧 목회지요, 일터가 바로 미션필드라 가르쳐 주셨다. 배우는 학생들이나 가르치는 교수 모두가 순수했고 그 열정이 대단했다. 기숙사 시설이 잘 되어 있어 대부분의 신학생들은 기숙사 생활을 하였다.

1994년 1월 18일 문익환 목사님께서 별세하셨다는 소식을 들었다. 한창 남편이 생사의 갈림길에서 헤매고 있을 당시였다. 병원에서 이 소식을 듣던 날 슬퍼하기에 앞서 얼마나 위로와 평안을 주었는지 모른다. 그 분의 삶 전체는 주님의 발자취를 따라 하나님께 향한 믿음의 고백으로 점철되었음을 알고 있었기 때문이었다. 그 분이 믿는 하나님을 나도 믿고 있다는 사실이 너무나 감사했고 감격스러웠기 때문이었다.

김재준 목사님을 비롯하여 대부분 우리들의 선생님은 한국의 민주화운동에 앞장서셨던 분들이다. '너희는 먼저 그 나라와 그 의(義)를 구하라'는 예수님의 가르침을 80

년대 군사정권이 무너질 때까지 교수직을 박탈당하고 투옥되고 추방당하기까지 고난의 길을 걸으셨던 분들이다.

우리 부부는 문 박사님 문하생으로 1960년대에 우리들의 젊음을 불태웠다.

그로부터 40여 년이 지난 지금 생존해 계신 분은 팔순을 살고 계신 문 박사님과 이장식 교수뿐이다.

제자로서 대성은커녕 지극히 평범하게 살고 있는 우리들이지만, 스승님들의 가르침은 인생의 가치관 형성에 뼈대를 이루는 근간이 되었다.

* 장애인공동체 일라히 랏지 여름 캠프(앞줄 오른쪽 두 번째가 정동석 목사)

2. 불가능하다 생각했는데

사랑의 캠프 경험은 우리들에게 또 하나의 이정표를 세우는데 힘을 실어주었다.

캠프에서 돌아온 나는 바로 우리 장애인 가족도 이런 캠프를 할 수 있겠다는 마음이 생겼다. 캐나다는 호수의 나라이다. 숲이 있고 바다만큼이나 넓고 맑은 물이 있으며 호숫가 풍경은 환상적이다. 그러나 장애인을 위한 여름캠프는 분명 새 삶에 대한 도전이었다. 경험 없이 새로운 것을 시도한다는 것에 대한 두려움과 조심성은 한 가지 한 가지 확실하게 짚고 넘어가야만 했다. 저렴한 비용으로 휠체어가 자유롭게 드나들 수 있는 장소의 물색은 쉽지 않았다. 토론토 근교 호숫가 마땅한 장소를 찾기에 많은 시간을 보냈다.

마침내 토론토에서 시간 반 거리에 있는 라이스 레이크 골든 비치의 휴양지를 찾아냈다. D-Day를 8월 말로 정하고 한 달간의 준비기간을 잡았다. 이 소식을 들은 친구들과 독지가들은 박수를 치며 후원해 주었다. 캠프 비용 마련이 어느 정도 확보되고 자원봉사자들도 기쁨으로 준비에 동참했다. 무엇보다 가장 기뻐하는 사람들은 장애인과 그 가족들이었다.

처음 함께 만났던 이성민 씨는 소아마비로 하체를 전혀 쓸 수 없었음에도 연세대학을 나오고 가족과 함께 캐나다로 이민을 온 재원이다. 비상한 머리와 따뜻한 마음으로 가득했다. 임청신 자매는 두 아이의 엄마로 늘 밝고 명랑하게 사는 분이다. 남편의 사랑과 보살핌이 있어 행복한 분이나 이민살이에서 꿈의 좌절은 하체마비로 휠체어에 의지하며 살 수밖에 없다. 믿음이 좋고 장애우들의 훌륭한 리더 격이다. 박조웅 님은 한국에서 공군사관학교 교관까지 지냈던 분이다. 80년대 초 뜻하지 않은 질병으로 반신장애, 언어장애까지 입었다. 몇 번의 사경을 헤집고 살아난 분이다. 새 땅에 뿌리도 내리기 전에 무너지고 만 가장으로 인해 어린 두 아이를 길러야 하는 그 분의 아내는 사랑과 헌신으로 똘똘 뭉쳐있어 그 험난한 길을 이미 10년이 넘게 걸어왔다. 송옥주 자매가 있다. 장활천 목사님의 아내 되는 분이다. 개인적으로 나와는 한신 후배가 된다. 뇌종양 수술 후 언어장애는 물론 중증 반신장애를 입었다. 30대 중반에 쓰려졌으니 그때 이미 사 남매의 엄마와 현장 목회자의 아내였다. 예쁘고 똑똑했을 뿐 아니라 넉넉한 마음 씀씀이는 모든 분들의 사랑을 받기에 충분하였다. 거기에다 장애를 뛰어넘어 그림을 그리고 취미생활에도 열심이었다. 8년 만에 휠체어를 버리고 지팡이에 의지하여 보행이 가능하게 스스로 피나는 훈련을 하며 살아왔다. 뇌성마비로 보행도 언어도 손놀림도 지극히 제한을 받는 윤길호 군이 있다. 어머니의 보살핌이 남다른 청년이다. 김성보 님은 씨름 선수였다. 건강한 체질에 음악에도 남다른 탤런트를 가지고 있던 분이다. 수영하던 중 스토로크가 생겼다. 이로 인해 역시 반신장애를 입었다. 그리고 조용선 님이 있다. 미남형으로 개인사업을 하고 교회에서 테너 솔로이스트로 활약할 만큼 목소리도 좋았다. 길에서 넘어져 뇌진탕으로 인해 역시 반신장애자가 되었다. 그리고 차경순 님은 하반신 장애자이다. 80년대 초 한국과의 봉제공 협약에 의하여 위니펙으로 취업이민을 온 분이다. 토론토 이주 이후 미니밴 전복 사고로 하반신 마비가 되었다. 그의 나이 20대의 한창 꽃피울 나이였다. 목소리도 좋고 피아노도 잘 쳤다. 뿐만 아니라 미술에도 특히 뛰어난 분이었다. 첫 번째 여름 캠프에 참가했던 장애우들은 이렇게 해서 남편을 포함하여 열 분이 되었다. 가족과 자원봉사자까지 스물네 분의 캠퍼들의 참가로 3박 4일의 제1회 장애인가족 여름 캠프의 막이 열렸다. 그때가 1997년 여름, 남편의 사고 이후 3년 8개월 만에 마련된 이벤트였다. 모두가 죽음을 뛰어넘은 분들이었다. 고통을 껴안고 살고 있는 장애인이요, 그 가족들이었다. 평생 간병사로 살아왔고 살아갈 분들이다.

장애를 입은 후 서로의 버팀목 역할의 장을 여는 뜻 깊은 캠프였다. 절망의 구덩이에서 나도 무엇인가 할 수 있다는 희망의 길이 보이는 서장이었다. 앞에서 끌고 뒤에서 밀어주며 호숫가 산책을 하는 이분들의 모습을 보며 세상에서 가장 아름다운 한 폭의 그림을 보는 듯한 감격에 벅찬 가슴은 캠프 기간 내내 내려앉을 줄 몰랐다.

우리는 마침 남편의 회갑이 8월 29일 캠프 기간 중이었기에 60회 생일 파티를 캠프 장 휴양지에서 열었다. 새롭게 태어난 이후의 첫 번 잔칫날이었다. 가족들은 휴양지 내의 식당에 생일 파티를 마련하고 장애인 가족들은 물론 봉사자들, 그리고 친지 여러분을 초대하였다. 뒤에서 묵묵히 후원해주며 격려와 용기를 주시는 이상철 목사님께서는 '남은 자의 축복'이라는 제목으로 축하예배 설교말씀을 해주었다. 음악인 김철환 선생은 노련한 사회로 흥을 돋구어주며 모처럼 즐거운 분위기 속에서 모두 즐기는 듯 싶었다. 한 여름 밤 잔잔한 감동이 가슴을 뭉클하게 해준다. 남편의 손이 내 손에 포개져 생일 케이크 자르는 칼자루의 촉감이 따뜻하다.

캠프 3일째 되는 날, 월요일 아침비가 내렸다. 낚시 겸 배를 타고 호수에 나가기로 한날이다. 10시에 배가 도착했을 때엔 먹구름이 하늘을 벗어나지 않았지만 그친 비가 고맙고 잔잔한 호수가 안심이 되었다. 휠체어까지 들어갈 수 있는 배다. 맑은 표정으로 조금은 흥분된 모습들이 마냥 즐겁게만 보인다. 몇 마리의 고기도 낚고 참 흥겨운 뱃놀이였다. 우리 몇 사람은 저녁의 캠프파이어를 위하여 태울 나무를 구하고 옥수수와 감자도 구하느라 분주한 시간을 보냈다. 쾌적한 저녁 날씨. 낙조가 아름답다. 날이 어둑해진 속에서 모닥불 풍경이 이토록 정겨울 수가 있을까. 브랜포드 교회의 김신기 목사님 내외분은 군것질 거리를 한아름 안고 왔다. 깔깔거리며 웃는 소리, 노랫소리, 박수소리, 나무 타는 소리, 풀벌레 우는 소리, 이보다 아름다운 교향악을 들을 수 있을까.

마지막 날 우리 모두는 떠날 채비를 해야 했다. 헤어짐의 아쉬움을 폐회예배 속에 담아 감사와 감격스런 소감들이 한 사람 한 사람의 입을 통하여 증언되고 있다.

이 사랑의 공동체를 몸으로 체험한 우리 모두는 잠시나마 장애의 고통과 슬픔을 잊을 수가 있었다. 몸의 장애도 감사의 제목이 될 수 있다는 감동과 함께였다.

우리는 이 캠프 기간 동안 중요한 결정을 하였다. 1년 가까이 모임장소가 없어 공공장소 또는 우리 집에서 만나곤 했었다.

우리 부부가 출석하고 있고 장활천 목사가 시무하는 '한울교회' 당회에 청원서를 내기로 결의한 것이다. 고맙게도 교회 측은 넓은 공간을 허락해 주었고 성도들께서는 휠체어 진입로까지 설치해 주어 1997년 11월 8일 마침내 '성인장애인 공동체'가 정식으로 출범하게 되었다.

3. 약한 쪽 편들기

약한 놈은 힘 센 놈의 밥이 되는 것이 동물의 세계이다. 이 이치가 사람 사는 세상에서도 상식처럼 통하기도 한다. 이왕에 줄서기를 하려면 권세나 명예나 돈있는 사람 앞에 서는 것이 똑똑한 사람들이라 인정해 준다. 이렇듯 강자 편에 서는 것이 세상인심이라면 약한 쪽 편들며 살려는 사람들은 어리석은 백성임에 틀림없다. 그런데 나는 요즘 약한 쪽에 편들어 주는 사람들을 만나는 재미로 산다. 서로 버팀목이 되겠다고 만들어진 공동체의 운영은 어쩔 수 없이 나에게 떨어졌다. 길도 나지 않은 정글을 헤치고 나가는 그런 꼴로 말이다. 공동체 구성원의 약 20여 명의 장애인들은 모두가 캐나다 드림을 안고 토론토에 정착한 분들이다. 참으로 열심히 살아왔다. 그러나 병마 또는 사고로 그들은 꿈을 접을 수밖에 없었다. 불행의 한가운데서 생사를 넘나들며 지독한 생명과의 싸움에서 살아남은 사람들이다. 그 고통의 흔적들을 일생동안 훈장처럼 몸 어느 구석에든 달고 다녀야 하는 사람들이다. 엄청난 시련을 겪고 일어난 사람들이지만 어쩔 수 없이 약한 자의 대열에 머물 수밖에 없음을 운명처럼 받아들이고 있다. 결코 목에 힘주며 살 수 없는 사람들이다. 그런데 이 약한 자들의 편에 서서 사랑의 손길을 펴는 사람들을 발견한다. 때론 애찬을 준비해 사랑의 밥상을 차려주는 사람들, 푼푼이 모은 돈을 활동자금으로 쓰라며 보내주는 사랑의 손길이 7회에 걸친 장애인가족 여름 캠프도 가능하게 해주었다.

모임공간이 허락되니 만남의 시간표가 자연스럽게 만들어졌다. 우리는 이 공동체를 통하여 신체장애가 능력의 장애라고 스스로 포기하지 않도록 도와주고 싶었다. 뒤에 처져 홀로 외로워하기보다 더불어 사는 길이 훨씬 쉬움을 경험케 하는 장(場)이 되었으면 하였다. 있는 모습 그대로 내어놓을 수 있는 편안함이 있음을 느끼게 하고 삶의 질을 높이는 데 주력하고 싶었다.

취미생활을 넘어 재활치료, 심리치료까지 겸할 수 있는 활동기획을 하고 도와줄 자원봉사자를 찾음에 음악에 이애경 선생, 박성재 목사, 미술에 김양심 선생, 원미경

* 장애 이후 성인장애인공동체 기념음악회를 마치고 이상철 목사와 함께

선생 등이 선뜻 나서 주었다. 목요일과 토요일에 공동체의 문이 열릴 적마다 공동식사를 할 수 있도록 봉사자들이 도와주었고, 각 지역 교회에서는 애찬을 준비하여 제공해주곤 하였다. 창립기념 행사와 여름 캠프는 장애인과 가족들, 그리고 봉사자들이 한덩어리가 되어 열심히 준비하고 참여하는 사이에 할 수 있다는 자신감과 더불어 한가족 의식은 점점 깊어졌다. 보람과 기쁨도 동시에 경험하였던 시절이다.

그간 많은 장애인들이 거쳐 갔고 정기적으로 프로그램에 참여하는 장애인들은 많게는 20여 명이 등록하였고 각지에서 후원해주는 분들의 사랑은 우리들에게 용기와 희망을 안겨주었다. 하모니카를 배우고 탁구를 즐기며 그림을 그리고 노래를 하면서 내적 치유뿐만 아니라 육체적인 건강까지도 증진되는 모습을 보았다. 그러나 밝은 면만 있었던 것은 아니다. 열악한 환경과 지도력의 부족은 많은 일꾼들 사이에 갈등을 가져왔고 사랑방 역할 이상으로 발돋움하기에는 전문성과 재정적으로 너무나 약하기만 하였다.

캐나다가 아무리 장애인들의 천국이라 하지만 언어의 장벽과 문화와 관습의 차이는 장애 입은 몸으로 설사 훌륭한 시설이 되어있다 하여도 쉽사리 섞일 수 없게 만듦이 우리들의 현실이다.

4. 깔끔이 청소해 주는 사람들

백 년이 넘은 교회건물 안의 공동체 모임공간의 허술하고 구멍이 숭숭했던 벽이 말끔하게 칠해졌다. 밝고 보기 좋은 환경으로 침울했던 마음들이 활짝 웃는다. 한 봉사자의 사흘간의 시간과 기술과 장애인들을 사랑하는 정성이 엄두도 못했던 일을 해냈다. 금간 벽과 천정을 다듬고 사다리에 매달려 부지런히 움직이는 손놀림을 바라보며 밝은 페인트의 조화 속에서 아름다운 L씨의 마음을 읽는다.

묵은 때를 닦아내고 허술한 집기들이지만 자리바꿈을 해주고, 장애인 미술교실 회원들의 그림들을 보기 좋게 다시 걸었다. 한맘성당 천사의 모후 봉사자들과 모 유학원 어학연수생들과 한울교회(현 하이팍 한인연합교회) 청년들이 한데 어울려 공동체 사랑방을 치워주고 어지럽게 흩어진 해묵은 찌꺼기들이 쓰레기로 실려 나갔다.

우리 모임이 있는 토요일과 목요일엔 어김없이 찾아와 애찬을 준비하고 설거지를 맡아 해주는 님들이 있다. 모일 때마다 공동식사를 하며 사랑을 나누는 식탁 주변은 그래서 즐겁고 고맙기만 하다. 정명애 님을 비롯한 ㅈ님, ㅎ님이 그분들이다. 미장원이나 이발관을 찾아갈 수 없는 회원들에게 미용봉사를 해주는 ㅅ님. 그래서 회원들의 모습을 말쑥하고 예뻐보이게 해준다.

뇌졸중 후유증으로 장애를 입은 아내에 대한 사랑은 공동체 회원 사랑으로 번지면서 온갖 궂은 일을 맡아 해주는 김관문 장로님의 봉사정신은 몇 년이 되어도 지칠 없이 한결같다. 구멍난 곳을 일일이 살피며 회원들을 돌보고 묵묵히 스스로의 일을 찾아 부지런히 움직이는 발걸음이 한없이 듬직하다.

컴퓨터가 고장이 나면 해결해 주고 가르쳐주는 분. 지난 4년 동안 꾸준히 단학활공, 기체조를 통하여 한 사람 한 사람 회원들의 마음과 몸을 달래주는 이의종 님, 그리고 김태옥 님. 매달 한 번씩 지역교회와 함께하는 토요예배는 우리 모두의 영성을 키워주고 장애인과 비장애인 사이에 서로 가슴을 여는 보완작용을 해준다.

자원봉사자가 없는 공동체는 상상할 수가 없다. 봉사자의 모습을 통하여 봉사를 배우고 자활의 길을 찾고 지체장애를 넘어선 마음의 장애까지도 극복하는 데 도움을 준다. 순수하고 맑은 심성이 아니고는 할 수 없는 봉사정신이다. 마음에 우러나서 그냥 신명나게 하고 싶어서 스스로 도움의 손길을 펴주는 것이다. 모든 자선단체들이 봉사자 없이는 그 기능을 다할 수 없음은 다 아는 사실이다. 봉사자와 피봉사자 사이에 좋은 관계가 이루어질 때 거기엔 튼튼한 사랑의 띠가 이루어진다. 시간과 정성, 거기에 더하여 가지고 있는 탤런트까지 아낌없이 제공하는 마음, 자선단체가 든든하게 자랄 수 있게 후원해 주는 개인과 단체, 그리고 교회들, 이 분들의 마음은 곧장 피봉사자에게 전달되어 상처받은 서로의 마음들이 치유되는 작은 기적들이 일어난다.

잊을 수 없는 몇 분이 있다. 아주 어려울 때 공동체 총무 일을 맡아 헌신하며 공동체를 키워온 장활천 목사님, 5년 이상 이사장직을 맡아 순전한 사랑으로 수고해 주신 건축가 김성호 장로님, 우리의 선배시며 공동체를 유난히 사랑해 주시고 아껴주신 이상철 목사님, 그 외 참 많은 분들이 공동체의 버팀목이 되어주었다.

(2001년)

5. 미니 장터마당 풍경

이민 와서 진기한 풍경 중 하나가 헌 옷가지들, 쓰다만 살림살이, 온갖 잡동사니를 집 앞에 늘어놓고 사고파는 장면이었다. 겨울이 유난히도 긴 캐나다. 봄기운이 돌기 시작하면 알뜰시장(Yard Sale)이 시작된다. 자기 집 차고 안에서 또는 집앞 뜰에서 미니 장터를 연다.

“One man's junk is other man's treasure”라고 하면서 나에겐 필요 없는 물건이나 다른 사람에겐 요긴한 물건이 될 거란 말이다. 남이 쓰던 물건을 그것도 알지도 못하는 사람의 것들을 선뜻 집어온다는 것이 처음엔 영 쑥스러웠다. 그러나 이 나라의 문화에 조금씩 익숙해지면서 나도 어느 사이에 동리를 거닐며 알뜰시장이 열리는 곳을 눈여겨보기 시작하였다. 집안정리하다 쏟아져 나온 물건 속에서 주인들의 알뜰함도 이들의 살림속도 눈에 들어온다. 한동안 내 부엌살림들이 이런 곳에서 수집해 놓은 그릇들, 구색이 갖추어질 리 만무했지만 요긴하게 쓰이곤 하였다. 가난한 사람들의 경제수단이기보다는 살림을 정리하는 알뜰한 주부들의 마음가짐이 사고파는 사람들의 마음에도 전달되어 오히려 재미있고 유쾌한 거래가 이루어진다.

장애인가족 제7회 여름캠프 자금마련 첫 번째 미니 장터마당(Rummage Sale)을 벌렸다. 전염병 사스(SARS)로 인하여 토론토 전역이 온통 몸살을 앓고 있었던 2003년 5월 첫 토요일이었다. 중국 식당이나 중국 백화점들은 아직 텅텅 비어있던 때라 백인 일색인 지역에 위치한 하이팍 교회 뜰에서 장터마당을 연다는 것은 모험을 각오해야 하기에 망설이다가 결행하였다. 이들 눈에 중국인과 한국인이 무어 보기에 다른가. 전염병 근원지가 중국인이라 모두가 피하려 하는데 전염병을 옮길까봐 근처에도 오지 않으면 어떻게 할까.

그래도 우리는 주요 네 거리에는 캠프 마련 러미지 세일이라고 광고판을 크게 만들어 세워놓고 곳곳에 전단지를 붙여놓았다. 모국은 이미 벚꽃이 피었다지고 신록의 계절이 돌아왔다고 하는데 이곳은 어쩐 일인지 세월을 잊은 듯 벚꽃은커녕 음지에는 아직도 녹지 않은 눈덩이들이 마음까지 서늘하게 해주고 있다.

긴 겨울의 끝자락이라 햇볕이 그리운 주민들은 전염병 공포와는 상관없이 쌀쌀한 날씨임에도 개장이 되자마자 서서히 몰려들기 시작하였다. 수집한 헌 옷과 헌 신발들, '김치캐나다'에서 보내온 배추김치, 평화식품 제조업체에서 제공한 두부, 흰떡가래, 만두, 콩나물까지 늘어놓은 이 희한한 장터에 발걸음은 줄을 이었다.

장애인 모임공간은 하이팍 교회 건물 안에 있다. 한때 이 교회는 토론토에서도 교세가 강하고 교회를 거쳐나간 많은 캐나다 지도자들이 있는 곳으로도 이름났던 곳이다. 100년도 넘은 유서 깊은 건물로 주변 경치도 참 아름다운데 성도들의 노령화에 따라 교회 유지가 어렵게 되었다. 캐나다 연합교단에 속한 이 교회 건물을 1988년 전례에 없었던 파격적인 결정으로 1불에 하이팍 한인연합교회에 넘겨주었다. 값으로 따진다면 수십만 불도 더 될 건물인데 귀중한 유산을 상속받은 셈이다.

봉사자들은 피곤한 줄 모르고 하루 종일 농담과 함께 유쾌한 거래를 하고 있다. 고객은 거의 비한인계들인데 김치도 사가고 만두도 두부도 사갔다. 어려운 사람인 듯

한 이들에겐 한 보따리의 옷을 헐값에 안겨주고 손목 잡혀 따라온 아이들에겐 좋아하는 장난감도 쥐어주었다. 어떤 이들은 우리의 취지를 알고 격려도 해주며 서슴없이 물건을 사갔다. 20여 명이 넘는 동포 독지가들이 정성껏 보내준 이 물건들은 이렇듯 우리의 장터마당을 풍성하게 해주었고, 장애인 가족들의 여름 캠프를 위해 후원금도 보내주고 모아진 자금은 목적을 위해 요긴하게 쓰여질 것이다. 따뜻한 마음들이 합하여 우리 모두에게 새 희망을, 삶의 용기를 준 장터의 여운이 오랫동안 가슴을 훈훈하게 해주었다. (2003년)

6. 두 남자의 얼굴

호숫가 앉음 자리 고목이 편하였다. 이른 새벽 호숫가 주변엔 갈매기 떼들이 옹기종기 조찬회라도 하는지 한데 어울려 보기 좋다. 바다만큼이나 끝간 데 없는 저 멀리 하늘과 호수가 맞물려 수평선을 이루고 있다. 구름 한 점 없는 하늘색과 호수의 물이 파란 실크 천을 드리우고 있다. 아! 이 고요한 아름다움이여. 언뜻 내 마음바다 수평선 너머로 두 남자의 얼굴이 떠올랐다. 남편의 얼굴과 봉도 씨의 얼굴이다. 두 사람 다 활짝 웃고 있다. 봉도 씨는 이번 장애인 캠프에 처음 참석했다. 토론토에서 동쪽 한 시간 거리의 코보 비치(Cobough Beech) 근교 일라히 랏지의 네 번째 여름 캠프 때였다.

전날 밤 캠프장 라운지에서 과일을 들며 이야기꽃을

피우고 있을 때 갑자기 뒤에서 '내 주를 가까이 하려함은…' 찬송소리가 들렸다. 봉도 씨의 목소리다. 목청은 좋은데 노랫말은 알아들을 수가 없다. 테이블을 바꾸어 그분에게 다가갔다. 봉도 씨의 얼굴에서 눈을 떼지 못한 채 함께 따라 불렀다. 대견스러워 하는 봉도 씨의 아내는 연신 흘러내리는 침을 닦아주고 있다. 1년 전 일으킨 뇌졸중 후유증은 몸의 반신은 물론 언어장애까지 입고 말았다.

6년 전 남편이 의식불능 상태에서 대수술을 끝낸 직후 담당 의사는 '미스터 정이 어쩌면 언어장애를 입을지 모른다'고 하였다. '언어장애', 기막힌 선언이었다. 살아있다는 것만도 고마워했던 나였으나 천만다행히도 언어를 관장하는 뇌신경에는 이상이 없다하여 한시름 놓았던 기억이 아직도 생생하다. 언어와 신체 한부분까지 겹친 복합장애인의 마음의 고통은 상상을 넘어선다. 자신의 의사표시가 불가능한 상태이고, 모든 관계로부터의 단절을 의미하기 때문이다. 재활원에 입원해 있을 때였다. 남편이 겨우 회복될 기미를 보일 때였는데 언어장애를 입은 반신장애 환자가 뭐라고 말하는데 알아듣지 못하였다. 갑자기 그의 손이 남편의 뺨을 후려쳤다. 언어 대신 의사표현이 폭력으로 나왔던 것이다. 그런데 봉도 씨의 아내는 훌륭한 언어 교정사이다. 표정으로 묻고 말로 통역해주는 아내의 모습이 밝기만 하다. 어린애 같은 봉도 씨의 눈길 역시 맑고 깨끗하다. 15명의 장애인 중 아홉 쌍의 부부가 참가했다.

새 하늘 새 땅에서 새 삶을 개척하며 아주 열심히 살아왔던 분들이다.

어느덧 아침 운동시간이 되었다. 파란 잔디에 모두 모였다. 두 남자의 활짝 웃는 모습 뒤에 다른 장애우들을 본다. 부축하여 잔디밭으로 다가오는 반려자들의 모습이 들어오자 왈칵 눈물이 쏟아졌다.

7. 아픔의 끝 뿌리

장애인 공동체는 나의 아픔이요, 안쓰러움이요, 미안함이었다. 7년 동안 함께 뒹굴며 끈질긴 정으로 엉켜있던 공동체 가족들이었다. 해마다 4박5일간 이루어졌던 여름캠프는 우리들 삶의 하이라이트가 되었다. 창립 기념행사를 준비하면서 노래 솜씨도 하모니카 솜씨도 늘어갔다. 나도 할 수 있다는 자그마한 자신감이 우리들을 감격하게 만들었다.

사고 이후 5년 동안은 우리 부부의 시련의 기간이었다.

그이의 감정의 기복은 이해받기보다는 비난의 원인이 되기도 하였고, 그이의 마음 깊숙이에는 언젠가 내가 자기를 떠날 것이란 불안이 늘 도사리고 있었다. 이런 남편을 업고 뛰면서 제대로 이해받지 못한 상황에 직면하면서도 사명감에 철저했던 나를 붙들어 매었다.

우리 부부는 건강할 때도 성격 차이 때문에 오는 갈등

이 많았던 것을 그이는 기억하고 있다. 손상된 뇌의 부분은 감정조절이라든지 새 것을 받아들이는 능력과 판단력 저하의 원인을 가져왔다. 이로 인해 매일의 생활 기복은 엄청난 스트레스를 동반하기도 하였다. 그이가 건강하지 못하고 그이가 나보다 약한 자리에 있기 때문에 나의 보살핌이 얼마나 큰 비중을 차지하고 있다는 것은 설명이 필요가 없다. 40여 년간 결혼의 세월들은 사랑보다 정(情)으로 묶어 놓은 시간들이다. 그이에 대한 애처로운 마음은 연민으로 바뀌어 그이를 떠난다는 생각은 해본 일이 없다. 이 마음을 그이에게 심어주기까지 5년이란 긴 세월이 필요하였다.

공동체 미술교실에서 그림 공부를 시작하였다. 김양심 선생과 원미경 선생의 정성은 그의 붓끝에서 그림이 피어나게 해주었다. 하모니카 연주자 박성재 목사님의 지도로 생전 입에도 대보지 않았던 하모니카를 불기 시작하였다. 그렇다, 나는 한번도 남편이 그림에 관심이 있다는 사실을 모르며 살았다. 아니, 그림을 그려본 일이 없다. 본인도 몰랐다. 그런데 붓끝에서 그림이 피어나는 것을 보고 나도 놀랐고 그이도 놀랐다. 재미있어 하는 그이를 보면서 나도 기뻤다. 정서적인 안정은 그림을 그리면서 서서히 자리매김해 갔다. 내가 골방에서 컴퓨터 자판을 두드리고 있는 동안 그는 자기 방에서 그림도 그리고 컴퓨터 바둑도 두고 노래도 부른다. 아무도 보는 이 없는 집안에서 옷을 챙겨 입는다. 나 같으면 속옷 바람으로 있어도 될 걸 금방이라도 외출할 사람 마냥 외출복으로 갈아입는다. 그게 뭐 그리 대수냐고 할 것 같지만, 옷 한번 입고 벗는 데 몇 배의 힘을 들여야 하기 때문이다. 가끔은 속옷 차림으로 있어도 되지 않느냐고 안쓰러워하면 고작 핀잔으로 대응한다. 한숨 자고 일어나면 어김없이 하는 일은 목욕이다. 매일같이 하는 온수 마찰욕(浴)은 당신의 건강을 지키는 비결이라며 누구에게나 권한다. 그이의 욕실은 반신 장애인도 작동할 수 있는 목욕 시설이 되어 있다.

일상생활은 거의 스스로 해결해 나가나 지적기능의 회복은 접은 지 이미 오래이다. 나는 여전히 야간근무를 하면서 일인다역을 해내었다. 그러다 보니 공동체 일도 남편을 돌보는 일도 최선을 다한다 하였지만 역부족인 것은 어쩔 수 없었다. 자연히 실수도 따르고 시행착오의 연속은 칭찬보다 나무람을 더 받게 되었다. 장애인 가족들과 함께 지냈던 기간은 나의 정열이었고 깨달음이었고 하나님 사랑의 현장이었다. 내 등치보다 큰 짐을 지고 엎어지고 부딪치며 허둥지둥 걸어왔던 그런 세월이었다. 고쳐주고 상처받으며 아야 하고 소리지를 새도 없이 헤매다 보니 어느덧 벼랑 끝 추락 직전, 뒤로 물러서는 길밖에 살 길이 없다는 것을 알게 되었을 때는 가슴의 멍이 너무 지독했다. 리더십에 도전을 받고 더 이상 할 수 없다는 한계를 느낄 때는 뒤로 물러날 줄도 알아야 함을 깨달았다.

여름 캠프 자금마련 러미지 세일(Rummage Sale). 일곱 번째 여름 캠프, 그리고 6주년 기념행사를 끝으로 장애인 공동체에서 맡은 모든 임무에서 손을 떼었다.

돌아보면 남편은 이 공동체를 통하여 내면의 깊은 상처들이 조금씩 아물어가는 과정을 거쳤다. 남편뿐 만이랴. 바라건대 7년 동안 공동체를 거쳐간 모든 분들께도 아픔도 사랑도 함께 나누었던 그런 시간들로 기억되었으면 좋겠다. 우리를 밀어주고 후원해 주었던 많은 자원봉사자들, 그리고 지역 교회와 개인 여러분께 그 고마움을 무어라 표현할 수 없을 만큼 사랑의 짐을 크게 졌다.

강석순 회장을 중심으로 새로운 도약을 위해 열심히 일하고 있는 공동체의 일꾼들과 봉사자들에게 감사드리고 싶다. 차인숙, 이봉자, 박정애 이사 여러분의 수고를 잊지 못한다. 주류 장애인 복지시설과 연결시켜 주는 일, 장애인 권익을 챙겨주는 일, 공동체 자체 안의 프로그램을 통하여 후배 장애인들이 보다 효과있는 재활을 하도록 헌신하고 있는 여러분이 있다. 캐나다가 아무리 장애인의 천국이라 하지만 이민 연력이 짧은 1세 장애인들에게는 언어와 습관, 문화의 차이를 극복해야 하는 또 하나의 장애물이 있다.

언어와 습관이 통하는 사람끼리의 만남은 그래서 중요할 수밖에 없고 따라서 장애인을 돌보는 기관은 필수기관 중 하나가 될 수밖에 없는 것 아닌가. (2005년)

8. 만남의 기쁨

생각만 해도 가슴 울렁거리게 하는 여행이었다. 소띠생인 남편과 범띠 생인 나는 서로가 서로의 축복을 빌며 해를 보내고 맞이하는 심정으로 고국에서 성탄 전야에 날아오는 친구 부부를 만나기 위해 샌프란시스코 행을 결행했던 것이다. 일상적인 굴레에서 벗어나 색다른 세계에 자신을 투입할 수 있다는 묘한 유혹, 거의 기진(burnout)되다시피 한 건전지를 재충전해야겠다는 실리적인 계산과 더불어 배짱이 맞는 친구와 만날 수 있다는 기대에 찬 홍분은 여행의 진미를 제법 누리게 할 충분한 조건이다.

언제 우리가 성탄 전야에 여행을 해본 일이 있었던가. 남편은 사고 후 처음으로 함께 하는 여행길의 스릴 때문인지 지체가 부자유하다는 그 제한성마저 잊어버릴 만큼 기분좋아 한다.

사고 전 삶의 패턴에 접하도록 할 수 있는 기회를 만들고 싶다. 여행도 훌륭한 마음치료, 정신치료 중의 하나일 것이다. 나도 그이도 때때로 현실탈출은 그래서 의미가 있고 필요했는지 모른다.

토론토에서도 샌프란시스코에서도 공항 직원은 우리를 친절하게 도와준다. 줄서기의 수고를 않아도, 나대신 휠체어를 밀어주고 기내에서도 가장 편한 자리와 제일 먼저 보딩할 수 있는 장애자의 특권을 누리게 해준다. 우리의 자존심을 세워주고 품위를 지킬 수 있도록 배려해주는 이 사회 환경에 대한 고마움은 미리 겁먹고 시도해보기조차 두려워했던 기우가 깨끗이 가시면서 그이 덕분에 출발부터 유쾌했다.

이 글을 쓰는 새해 벽두 이 시간이 바로 남편의 교통사고를 통보하러온 경찰과 마주 서서 엄청난 충격 속에 몸을 가누기조차 힘들어했던 그때부터 만 4년이 지난 때이다. 여행 중 찍어온 사진들을 들어다본다. 안상님 선배와 남편은 클래스메이트였지. 그러면서도 나하고는 자매처럼 친하게 지내지 않았던가. 부도직전의 나라에서 왔다고 자조하는 친구의 손을 붙잡고 그녀 아들의 연구실이 있는 스탠포드 대학교 교정입구에 즐비하게 늘어선 야자수(Palm Tree) 길을 거닐며 우리는 숱하게 밀린 이야기들을 나누었다. 타임머신은 백 투 더 퓨처(back to the future)로 돌아가 대학시절 노트를 끌어안고 강의실과 도서관을 오가던 우리의 모습이 어른거렸다. 현실의 우리와 과거의 우리가 서로 엇갈리면서 교정을 오가는 대학원생들처럼 보이는 젊은이들을 부러워하고 있다.

안 선배의 가족과 우리는 한덩어리가 되어 샌프란시스코의 구석구석을 찾아 구경하였다. 그 유명한 금문교를 배경으로 바닷가 모래톱에 맨발로 발자국을 내며 파도에 밀리면 또 만들어 내고, 바지 끝자락이 어느새 물결에 휘말려도 그녀와 나는 소녀같이 웃고 재잘거리며 만남의 기쁨을 한껏 즐겼다.

때 묻지 않은 만남, 공간과 시간을 훌쩍 뛰어넘어 시도한 만남이었기에 더 소중했다. 선배는 사랑하는 딸을 잃는 아픔도 경험했는가 하면 우리들의 모교 한신대학의 학장의 일까지 해낸 박근원 박사를 남편으로 둔 복도 있다. 믿음을 삶 속에서 구현시키며 살아가고 있는 안 선배, 잊지 못할 훈훈한 정과 함께 한 통화의 전화로 해서 해후할 수 있는 끼도 있다. 그녀는 7, 8여 년의 미국 생활을 청산하고 교수인 남편을 따라 귀국한 이후 딸을 잃은 슬픔을 딛고 히로시마 원폭희생자를 돕는 일, 환경정화운동에 앞장서는 일, 90년대엔 정신대 할머니를, 그리고 소외계층의 여성들에게 제자리 찾아주는 운동을 하며 일생을 바치고 있다. 그러면서 그는 은퇴할 연령이 되었는데도 평생 자원봉사자 노릇만 하다 보니 은행통장은 텅 비었더라며 웃었다. 그러나 보람있는 삶의 발자취들이 넉넉한 마음을 갖고 살게 해준다며 담담하게 웃는다. 마침 대선 뒤끝이라서인지 그녀의 표정에서는 나라 걱정과 애국하는 마음을 그대로 읽을 수 있다.

며칠 지나자 전신장애인 구필화가 김성애의 그림을 넣어 만든 카드 한 장이 날아왔다.

"도착 시간이 되었는데 소식 없어 궁금하구나. 카드에 웬 여비까지 넣었니? 부도난 나라에서 왔다고 많이 봐주는구나. 미안한 마음으로 고맙게 쓸게. 서울 나들이도 좀 해야지. 만날 때를 또 기다리며…"

친구는 친구의 얼굴을 빛내주고 우정은 서로 가꾸고 다듬어 주며 커가는 거라고. 마치 한 폭의 꽃나무를 실하게 키우는 것처럼. (1998년 1월)

9. 캐리비안 해협에서

캐나다의 겨울은 지루하다. 지루한 겨울의 한토막을 잘라 피한(避寒) 여행을 할 수 있는 기회가 왔다는 것은 분명 행운이었다. 2000년 정월, 7박 8일의 계획으로 도미니칸 공화국 류퍼런(Luperon) 휴양지로 떠났다. 남쪽 나라 십자성이 보이고 서인도 제도들이 즐비하게 있는 곳, 후배이고 글벗이며 허물없이 지내는 옥재 부부의 여행계획 속에 우리 부부도 끼워주어 1997년의 샌프란시스코 여행에 이어 두 번째의 토론토 겨울에서의 탈출이었다.

공항에서 류퍼런 휴양지까지 임대한 버스로 한참을 달렸다. 차창 밖 풍경은 금방 이곳 주민들의 가난에 찌든 모습을 드러내놓고 있다. 도착한 휴양지는 도미니칸 나라와는 딴판으로 별천지다. 부유한 나라의 자본으로 이루어놓은 이 휴양지는 갖지 못한 사람들과 가진 자 간의 차이가 하늘과 땅만큼이나 컸다.

낯선 언어들, 낯선 모습에 둘러싸인 캐리비안 휴양지에서 P씨를 만난 것은 햇살이 조금은 수그러진 그런 오후였다. 옆을 스쳐가는 중년의 동양인 얼굴이 반갑다.

"혹 한국인이 아니신가요?"

"그렇습니다. 그런데 어떻게 혼자서…? 부럽습니다. 우리가 아줌마 나이쯤 되어 이런 휴양지를 찾아올 수 있다면 더 바랄 것 없겠습니다."

이런 대화를 나눈 후 우리는 헤어졌다.

다음 날 남편이 쉬고 있는 틈을 타서 울창한 야자수 그늘길을 따라 산책에 나섰다. 따가운 태양열을 받아서인지 녹색 나뭇잎 사이로 빠끔 내밀고 있는 빨간 꽃들이 유난히도 요염한 자태를 부리며 유혹하고 있다. 그냥 몸을 맡기고 싶은 충동으로 꽃들과 이야기를 나누며 잠시 그들과 나는 한덩어리가 되었다. 참 재미있다.

걷다보니 어느덧 인포메이션 센터까지 왔다. 한 권의 안내 책자를 꺼내들고 도미니카란 나라를 읽고 있었다. 그때 전날 만났던 P씨가 나에게 다가왔다. 내가 남편의 휠체어를 밀고 다니는 것을 먼발치서 보고 금방 누구인가를 알았다며 아주 반가워했다. 그뿐 아니라 나와 원옥재 씨는 늘 만나고 싶었던 분들인데 이곳에서 만나게 되니 반가운 마음을 금할 수 없다며 기뻐한다. 어쩌다 발표했던 글들의 독자 중의 한 사람일뿐 아니라 내 막내 동생과는 각별히 지내는 사이라고 소개한다.

P씨 가족은 우리와 같은 날 '캐나다 3000'으로 오도록 되어 있었는데 갑작스런 가정 사정으로 P씨만 먼저 금요일에 도착하였고 토요일에 그분의 가족인 딸 네 자매와 부인이 합류하였다. 뜻밖에 그 넓은 류프런 휴양지에서 또 다른 한국인 가족과의 상봉은 분명 신나고 즐거운 일

이었다. 수백 명의 유럽 각지에서 온 휴양객들과 영어권에서 온 휴양객 속에 동양인들은 우리뿐인 듯 싶었다. 새로운 만남 속에는 풍성한 이야기들이 있다. 여행은 그래서 즐겁다. 십대의 세 자매와 다섯 살쯤 보이는 어린 딸과 같이 한 가족여행의 계획과 사연은 참으로 가슴 찡하게 하는 아름다운 이야기였다.

더욱이 맏딸 D양은 시각장애자이다. 동생의 부축에 의지해 걷고 있는 P씨 가족의 움직임이 어찌 그토록 감동스럽고 가슴 찡하게 해줄 수 있었을까! 10년 넘게 경영하였던 가게를 처분하고 작년 여름부터 2천년 봄방학을 D-day로 한 온 가족의 휴가계획은 여간한 용단이 아니고는 쉽게 내릴 수 있는 결단이 아니었다. 어쩌면 아이들이 훌쩍 커버리기 전, 마지막이 될 지도 모른다는 생각에서, 그뿐 아니라 가족여행의 아름다운 추억을 만들어주고 싶다는 P씨 부부의 딸들에 대한 배려가 한눈에 보였다. D양은 아주 자랑스럽게 말한다. 맹인학교 동료학생들 사이에서 자기의 이번 휴가여행을 아주 부러워하며 화젯거리가 되었단다. D양에게 여행 못지않게 자긍심을 심어준 이 가족휴가가 이들에겐 평생 잊을 수 없는 추억이 되겠다.

옥재 부부는 남편도 보살피며 알뜰히도 챙겨주었다. 언덕이 있어 휠체어 밀기에 힘들면 미스터 함의 든든한 두 팔이 거뜬하게 평지까지 올려놓아 주었다. 비즈니스로 바쁜 생활 속에서 두 분만의 여행이었으면 편안하게 쉴 수 있었을 텐데, 모든 불편을 무릅쓰고 남편의 도우미 역할까지 감당해준 것, 고마운 추억으로 간직하고 있다.

우리들의 휴가 마지막 날 P씨 부부는 아이들을 모두 재워놓고 우리가 머물고 있는 숙소로 찾아왔다. 그날 함께 하였던 우리 세 부부의 유쾌한 시간은 두고두고 잊을 수 없을 것이다. (2000년)

10. 로버츠 만(Bay Roberts)에서 피어나는 꽃

우편함을 열었다 생각지도 않은 소포 꾸러미가 들어있다.

아무리 생각해도 나에게 소포를 보내 줄 사람이 없겠는데 좀 의아했다.

조심해서 다루라는 글자까지 박혀 있다. 뉴파운랜드 베이 로버츠 우편소인이 찍혔다. 조심해서 열었다. 어머, 세상에! 2리터짜리 세븐 업병에 블루베리(Blue Berry)가 빼곡히 들어있지 않은가. 어떻게 그 조그마한 주둥이를 통해 이 많은 열매를 넣었을까. 플라스틱 병이기에 얼마나 다행인지. 주둥이 부분을 가위로 잘라냈다. 유리병이었으면 반나절은 족히 걸려서 몇 알씩 일일이 꺼내는 수고를 했어야 할 걸. 진보라색의 블루베리를 맑은 유리그릇에 옮겨 담았다. 바닥에 깔려있던 진하디 진한 주스 한 잔을 마셔보았다. 따뜻한 사랑이 가슴을 적시며 코끝이 찡해온다.

그리고 보니 8월부터 시작하여 서리가 내릴 때까지 온갖 종류의 야생열매가 지천으로 깔려있던 로버츠 만(Bay Roberts) 해안 마을이 그림처럼 떠오른다.

작년 이맘때 나는 남편과 함께 그곳에서 목회하고 있는 민영기 목사님 내외분의 초청으로 쉽게 갈 수 없는 휴가를 즐겼었다. 로버츠 만은 뉴파운드랜드(Newfoundland)의 수도 세인트 존스(St. John's)에서 서쪽으로 한 시간 거리의 대서양 연안에 있는 해변 마을의 이름이다. 인구 6천여 명의 이 마을에 민영기 목사부부가 살고 있다.

유색인종이라고는 거의 눈에 들어오지 않았다. 캐나다 연방정부로부터 불과 50년 전 마지막으로 공식 주(州)로 인정받은 뉴파운드랜드는 커다란 섬이다. 한국의 제주도 같다고나 할까. 상공에서 내려다보니 수도 세인트 존스를 제외하곤 크고 작은 마을들이 대서양 연안에 흰 색깔로 된 점 모양의 집들로 옹기종기 모여 해안 마을들을 이루고 있다.

우리 부부는 친구 민 목사의 목회현장을 꼭 한번 방문하고 싶었다.

직접 눈으로 보고 귀로 듣고 가슴으로 느낄 수 있는 좋은 기회가 될 것이란 생각에서였다. 종종 전화통화를 하면서 기운차 보이는 목사님의 목소리는 한결 방문하고 싶은 매력을 더해주었던 것이다. 사모님의 목소리는 더

했다.

9월 20일, 남편 사고 이후 세 번째 함께 하는 비행기 나들이였다. 이른 아침 사위는 출근시간 훨씬 전 새벽부터 서둘러 우리 부부를 공항에 데려다 주었다. 나는 여기서도 남편 덕을 많이 보았다. 제트고(JetsGo)라는 낯선 이름의 비행기를 이용했지만 휠체어를 이용해야 하는 남편과 나를 제일 먼저 탑승시키고 자리도 좋은 자리를 주었다. 세 시간 동안의 비행시간이 편안하기만 하였다.

공항에 마중 나온 민 목사님과 우리의 반가운 해후는 이렇게 해서 이루어졌다. 목사님과의 마지막 만남은 10년 가까이 되었다. 남편이 해밀턴 종합병원에서 아직도 교통사고 후유증으로 몹시 고통을 받고 있었고, 간병하는 나 역시 가장 힘들고 고통스러웠던 삶의 한가운데서 헤매고 있었다. 그때 목사님은 우리를 방문해 주셨다. 한 달 넘게 참고 참았던 울음을 목사님의 어깨에 기대어 어린애처럼 엉엉 울었다. 그 분의 어깨가 편안했고 그분의 기도에 위로를 받으며 당시의 어려움을 이겨나가는 데 참으로 도움을 많이 주었던 기억을 갖고 있는 우리다. 나와는 항렬이 같아 누님이라 불러주는 민 목사에게 더 할 수 없이 정감이 간다.

차창 밖으로 보이는 산들이 토론토의 산천과 많이 다르다. 해변 바람 때문인가. 낙엽송보다 침엽수가 더 많이 눈에 들어오고 침엽수 중에서도 우람한 나무가 아니라 크리스마스트리 하기에 알맞을 것 같은 예쁜 전나무 모양의 나무로 가득하다.

유색인종이라고는 중국 식당주인이나 볼 수 있을까. 인구 육천 명 정도 되는 이 해안 마을에서 민 목사님은 백인교회 목회 5년 차다. 인근 마을까지 포함하여 세 곳의 연합교회를 돌보고 있다. 교회는 지역사회의 중심 역할을 하고 있었고 등록교인이 천여 명이나 되었다. 체류기간 동안 온갖 행사와 모임에 참석할 수 있는 기회도 가졌다. 내 일생을 통하여 하모니카 독주를 그토록 여러 번 해보기는 처음이었다. 예배와 각종 행사 때마다 서툰 내 하모니카 솜씨를 순서에 넣곤 하였다. 떠나기 전 주일 밤 예배 때엔 정 목사의 간증예배로 지역 TV 방송까지 동원되는 감격스런 예배를 드렸다.

차로 십 분 거리의 세 교회를 방문하면서 사이좋은 형제 가정에 초청되어 온 그런 느낌 속에서 예배를 드리곤 하였다. 순박하면서도 부지런한 뉴파운랜드 사람들이다. 교회에서는 물론 지역사회에서도 민 목사님은 리더의 자리에서 참으로 일을 잘하고 있었다. 그런 분의 손님으로 간 우리 내외에 대한 환대도 지극하였다. 금방 따온 야생 열매를 넣어 만든 파이도 가져오고 어떤 이는 선물꾸러미도 만들어 주었다. 저녁초대도 받았고 하루 종일 걸리는 해변가 여행도 시켜주는 부부도 있었다. 동부지역 연합 캠프의 모금행사에도 참가하며 매일매일 알찬 날들을 보냈었다.

틈틈이 민 사모와 나는 파란 가을하늘에 반해 몇 번이

나 해안가로 나가 길가에 널브러져 있는 야생 베리 숲을 헤집고 열매 채취에 넋을 잃기도 하였다. 루비 색깔의 빨간 색의 패트리지 베리가 참 예쁘기도 했다. 블루베리 철이 끝나면 곧 이 빨간 열매의 수확철이 된다. 좀 큰 열매가 손에 잡히면 신나게 자랑하면서 우리는 어린 시절 머루와 달래를 따먹던 고국의 산자락을 이야기하곤 하였다. 이때 왠지 가족 이외는 한국말을 할 수 없는 사모의 옆모습을 훔쳐보면서 가슴이 뭉클하였다.

대서양 해변을 치는 파도소리는 파란 하늘과 하얀 뭉게구름이 한데 어울려 그 음률이 더할 수 없이 아름답게만 들린다. 나는 주머니에서 하모니카를 꺼내 동요를 불기 시작하였다. 따라부르는 사모의 목소리가 참 곱다. '가을이라 가을바람 산-들 분-다…' 노랫말 속에 눈물이 배어나온다.

두 주간의 휴가는 때 묻은 영혼을 깨끗이 목욕시켜주는 그런 수련의 기간이었다. 헌신을 다하여 백인교회 목회에 정성을 쏟는 그분들은 분명 로버츠 만(Bay Roberts)에서 피어나는 한국인의 꽃이었다. 한알 한알 혀끝에서 뒹구는 블루베리 연한 육질이 참 정겹기만 하다. 민 목사님 내외분의 따뜻했던 사랑만큼이나. (2005년 10월)

제3장

새 토양 튼실한 뿌리

1. 캐나다 이민

* 이민 초기 우리 가족

그때만 해도 이민은 생소하였다. 몇몇 친구들이 브라질 이민길에 올랐었다. 농업이민 체결에 의하여 고국을 떠난 사람들은 대부분 농부가 아니었고 돈 있는 사람들의 도피성 이민이었다는 것이 오히려 맞는 말이었다. 그래도 그들을 부러워했었다. 간호사와 광부(무경험 학사 출신)들은 취업을 위해 독일로 떠났고 나라는 군사정권하에 사회는 불안하였고 우리 모두가 가난하였다.

내 동생 연기는 1965년 월남파견 무선통신 엔지니어 박근실과 결혼하여 월남으로 떠났다. 이후 잠시 귀국하였다가 1968년 캐나다 이민을 결행하였다. 이미 캐나다와 한국은 수교가 이루어져 1965년 정식으로 이민을 받아들이기로 합의가 되어 있었다. 나에게 캐나다는 참 생소한 나라였고 미국만큼이나 잘 사는 나라, 영어가 국어란 그 정도의 상식밖에 없는 그런 나라였다. 그런 나라로 세 살 터울 아래의 동생은 한국을 떠났던 것이다. 가장 가깝게 지냈던 동생과의 이별은 나에게 아픔으로 다가왔다. 섭섭함과 부러움이 동시에 복받쳐 하늘로 날아가는 비행기를 보며 참 많이 울었었다. 동생의 건강으로 인해 1970년 어머니가 합류하였고 우리는 동생 부부의 초청으로 1973년 여덟 살과 여섯 살짜리 두 아이를 데리고 이민길에 올랐다. 동생 부부와 어머니와의 재결합은 일생일대의 가장 큰 탈바꿈이었고 기쁨이었다. 막상 토론토에 정착하고 보니 교직에 있었던 나나 목사인 남편이 본직을 찾아 일하기란 쉬울 수가 없었다.

아무리 10년 이상 영어교육을 받았다하나 정작 이 땅에 내리고 보니 영어구사가 전혀 되질 않았다. 새 이민자(New Comer)를 위한 정착 프로그램 중 영어교육은 급선무로 부상하였다. 우리 부부도 정부의 생활지원금을 받으며 영어학교에 등록하였다. 그리하여 6개월 간 우리는 풀타임 영어공부에 전념할 수 있었다. 학교교육 제도도 놀라울 만큼 훌륭하여 우리 아이들은 최적의 교육 환경에서 학교생활을 시작하였다.

이민목적 중 하나에 남편의 학문수업도 포함되었었다. 그러나 우리는 생활전선에 뛰어들어가는 것이 우선이었다. 나는 이민 선배의 소개로 거주지에서 가까운 양로원(이후 너싱 홈이라 칭함)에 너싱 에이드로 취직이 되었고 남편은 접시닦기로 시작하여 경비원까지 감수하며 이민 초기 뿌리내림의 몸살을 겪어야 했다.

수학에 남다른 머리가 있는 남편은 파이프 전문 제작회사 중의 하나였던 바이런 잭슨 회사에 취직이 되었다. 약 7년 일하는 동안 뉴머리컬 컴퓨터 엔지니어 자리까지 올라가 있었으면서도 목사로서의 소명의식을 버릴 수가 없었다. 고생스러워도 목사로서 가야할 길을 걷지 않는다는 것을 괴로워했다. 1976년부터 남편은 미시사가 지역 한인교회를 개척하여 주말목회를 직장과 겸하여 시작하였다. 교회는 한인사회의 주축인 역할을 감당했던 시절이었다. 그 당시 인구 7천여 명의 토론토에는 다섯 손가락에도 안들 개신교 교회와 성당이 있었을 따름이었다.

1982년 키치너 한인장로교회의 부름을 받으면서 목회

에만 전념하기 시작하였다. 나는 여전히 너싱 홈에 근무하면서 아이들을 돌보며 쉬는 날엔 남편과 합류하였다.

2. 남편의 목회현장에서

* 가족사진(정 목사, 필자, 아들 종훈, 딸 혜은)

2년 후 토론토 선교교회 청빙을 받게 되자 자동차로 한 시간 거리의 객지 생활을 정리하고 우리 네 식구는 한 덩어리가 되어 교회를 섬기기 시작하였다.

이미 대학생이 되어있던 혜은이는 주일학교 교사로, 고등학생인 훈이는 유스 그룹(Youth Group) 멤버로, 나는 교회교육을 맡아 열심히 뛰었다.

어떤 연유로 교회에 어려움이 다가오자 많은 성도들이 교회를 떠났고 남은 30여 명 신도들은 깊은 상처를 안고 교회를 지키고 있던 자리에 남편은 부름을 받은 것이다.

교포인구의 증가에 따라 교회 수도 증가하였으나 대부분의 경우 평화로운 갈라짐보다 갈등으로 인한 교회분열로 해서 생성된 교회도 적지 않았다. 70년대 초 3개 정도의 개신교는 80년대에 올라서자 어느 사이 30개 이상으로 불어났으며 대부분 갈등으로 인한 분가 형식의 새 교회 탄생이었고, 그때마다 성도들의 상처는 이민살이를 더욱 고달프게 만들기도 하였다.

부임하자 가장 시급한 일은 성도들의 아픈 마음을 달래주고 싸매주는 일이었다. 선교교회도 A담임 목사님을 따라 D교회에서 갈라져 나와 어떤 일로 어려움을 겪게 되었고, 담임목사도 떠날 수밖에 없었던 아픔을 가지고 있는 교회였다. 지난 일의 아픔을 더 이상 말하지 않아도 되기까지는 거의 1년이 걸렸다. 교회도 안정이 되자 그간 세인트 막 교회 안에 선교교회(Mission Church)로 되어있던 것을 '중부장로교회'로 개명하여 자립교회로서 서게 되었다. 대부분의 한인교회들은 캐나디언 교회 건물을 임대하여 쓰고 있었다.

중국인은 가는 곳마다 식당을 차리고 한국인은 교회부터 세운다는 말이 실감이 났다. 어느 민족이 한국인만큼 교회를 많이 세웠을까.

24시간 간호가 필요한 너싱 홈은 3교대 근무체제를 갖추고 있었다. 다행히도 고정 쉬프트(shift)로 인하여 나는 10년간의 낮 근무를 청산하고 야간근무를 자청하였다. 주말에도 근무해야 하기 때문에 주일을 지키기 위해서는 야간 근무가 최선의 선택이었다. 밤 11시 반부터 다음날 7시 반까지 모두가 회피하는 근무시간이었다. 오죽하면 'Grave Yard Shift'라고 했을까. 목숨을 재촉하는 근무시간이란 말에서 비롯한 비어일 것이다.

자연히 밤에 근무하고 교회를 나가는 주일날이면 수면부족에 시달리곤 하였다. 그러나 초인적인 인내로 고통스럽던 야간근무 첫 해를 잘 견디어냈다. 부임 2년 만에 청소년들의 숫자는 30여 명에 이르렀다. 교회는 차츰 안정세에 들어갔고 교육담당 H장로님과 함께 온 정력을 다하여 10대 청소년 지도에 들어갔다. 고등학생이었던 훈이는 청소년 그룹의 리더로 음악을 전담해 주었다. 아이들의 교육에는 때가 있다. 내일을 기다릴 수 없을 만큼 오늘이 중요했다. 이 아이들은 차라리 바나나 시대에 속했다. 겉은 분명 한국아이들인데 속은 캐나다 인으로 이곳의 문화와 습관에 깊이 젖어 있었다. 설교도 영어로 해야 했고 대부분의 대화도 영어일 수밖에 없었다. 소위 기독교 교육을 전공했다던 나다. 더욱이 중고등학교에서 성경을 가르쳤던 경력이 있었던 나였으나 이 아이들을 지도하기엔 별 도움이 되지 않았다. 부족한 영어실력으로 설교를 준비한다는 것은 분명 무모한 일이었다. 그래도 해야만 했었다. 얼핏 한국에 나와 있었던 선교사들 생각이 났다. 한국어로 성경공부도 가르쳤고 설교도 했어야 했을 그분들의 입장이 바로 내가 되고 말았다. 철없던 우리들은 실력없는 선교사라고, 10년을 넘게 선교

활동을 하고 있었다면 적어도 현지 언어엔 능통할 수 있는 성의와 노력은 했어야 하지 않느냐고 하며 비아냥거렸었다.

영어가 이토록 만만치 않다는 것을 이때처럼 절감해 본 적이 있었던가. 서툰 영어 설교였으나 아이들은 듣는 척하는 예의는 보여주었다. 나는 이 아이들의 어머니 세대였다. 세대적인 차이는 어떻게 하고…. 열정과 사랑으로 부족한 면을 채우려 어쩌면 안간힘을 썼는지 모른다. 이때만해도 청소년 교육담당 전도사를 구하기란 정말 힘든 시절이었다. 다행히 2년 후 교육담당 전도사를 채용할 수 있었다. 긴장과 스트레스의 연장선에서 한시도 여유를 부릴 수 있는 시간이 허용되지 않았던 시절이었다. 나는 일인다역을 감당해야 하는 슈퍼우먼이 될 수밖에 없었다.

이민 목회현장은 때론 전쟁터와 같다는 생각을 하였다. 하늘과 땅의 갈등 속에서 영원의 세계와 세속적인 삶의 이중성에서 헤매고 있는 사람들이 모인 공동체가 조화를 이루며 평화롭게 공존한다는 것은 쉬운 일이 아니었다.

이민가정이 겪어야 할 몸살도 목사는 함께 겪어야 했다. 목회(Pastoral Care)는 교회공동체 구성원 한 사람 한 사람에게 사랑과 관심, 그리고 영적인 지도까지 베푸는 것을 사명으로 하고 있다. 자연히 목사의 가정사는 교회를 중심으로 모든 시간표에 의하여 계획되고 움직여 나갈 수밖에 없었다. 말하자면 교회 일이 우선순위로 늘

달력엔 기재되고 있었다. 그랬다. 남편은 교회일이 항상 가족보다 우선이었다. 더욱이 외곬수인 남편은, 그리고 목회가 천직이라 생각했던 남편은 그럴 수밖에 없었다는 것을 사고 후에 더욱더 이해하게 되었다.

기도하는 것만으로는 풀 수 없는 가정문제와 인간관계에 대해 전문적인 훈련을 받지 않으면 안 되겠다는 현실적인 요청은 7년 동안 그토록 온 힘을 기울여 섬기던 교회를 사임하고 다시 학생의 신분으로 돌아가게 했다.

나는 남편의 뜻을 꺾을 수가 없었다. 교회를 떠나지 말자고 애원하였지만 고여 있는 물은 썩기 마련이라며 누군가 물꼬를 터야 한다는 것이었다. 그때나 지금이나 영적으로나 양적으로 성장해가는 교회의 모습은 교인이나 목회자나 모두 바라는 마음이다. 어느 한쪽 또는 양쪽이 충족되지 못했을 때 목사의 스트레스는 그만큼 크게 마련이다. 남편은 교회 내 어려움의 고비 한가운데 있을 때는 오히려 당당하고 차분하게 교회의 질서를 회복시켜 놓았다. 1년 동안의 애쓴 보람이 끝나갈 무렵쯤 돌연 노회에 사임서를 보냈다. 담임목사로서의 역할을 다했으니 이젠 교회를 떠나도 된다는 것이었다. 그리고 후임으로 오는 분이 신선한 물줄기를 터주기 위해서 자리를 비켜주어야 한다고 했다.

그간 가족 때문에 소신을 굽혀야 하는 목사의 모습을 수없이 보아왔다.

그랬음에도 불구하고 의연히 사표를 던져버리는 남편이

자랑스럽다는 생각보다 생활의 곤경을 또 겪어야 할 거라는 불안이 더 컸다. 아직 둘째아이는 대학 재학 중이었다. 나는 어릴 때부터 가난에 익숙해 있다. 우리의 허리띠를 더 많이 졸라매야 할 것이란 각오를 또 해야만 했다.

우리들의 신학생 시절에는 목사라는 직업은 신부(新婦)들의 결혼 후보 랭킹 끝자리에 있었다. 하나님으로부터 부름을 받았다는 소명(召命)의식은 가장 중요한 신학교 입학 자격요건에 들어있었기 때문에 가난도 고난도 그리 문제가 되지 않았다. 나 역시 대단한 각오로 신학교의 문을 두드렸다. 소명을 받았다는 믿음이 생길 때까지 수녀와 같은 길을 걷겠다는 그런 생각을 하며 많은 기도와 고민 끝에 비장한 결단을 내렸던 것이다.

그래서 목회자의 길은 영광의 자리가 아니라 가난도 고난도 감수해야 한다는 훈련을 우리는 매섭게 받았다. 육체에 속한 것은 악하고 정신세계만이 선하다는 이분법식의 교육은 결코 아니었으나 세상 사리에 밝고 매끄럽게 처리하는 데는 약할 수밖에 없었다. 배부른 돼지보다 배고픈 선비의 길이 오히려 바람직하다는 자긍심은 일생을 지배해 왔다. 목사 후보생과의 결혼은 곧 가난의 길이요, 순교자적인 자세로 살 각오를 해야 한다는 말과도 같은 것이었다. 그러나 인간적인 유혹은 언제나 내 주위에서 맴돌았다. 이를 이겨내지도 못한 채 세상의 이재에 약한 나는 세상 속에서 살면서 참으로 많은 시행착오와 이해받지 못할 상황과 대면하면서 힘겹게 살아왔다.

'어디까지가 인간의 의지요, 어디까지가 하나님의 뜻인가?' 성 어거스틴의 제일가는 의제였고 고민이었던 것이 나에게도 예외는 될 수가 없었다. 그래서 지금도 나는 나의 결단에 의하여 저질러놓은 일들을 하나님의 뜻이었다는 말을 결코 할 수가 없다는 것이 차라리 정직하다.

그러나 신앙 안에 사는 사람들에게는 신앙적 사관, 신앙적 판단을 내리기 마련이다. 삶의 모든 시각을 신앙적인 눈으로 보게 되면 하나님의 섭리 안에서 하나님의 손바닥 안에서 우리들의 구체적인 일상생활이 하나님의 뜻에 의하여 움직여나가고 있다고 믿지 않을 수 없다.

목사 아내로서의 역할을 감당하면서 나는 내 직업에 충실하였다. 직장이 곧 선교현장(Mission Field)이라는 가르침은 내 직업에 대한 자긍심을 키워주었고, 내 적성은 평생직으로 마감할 수 있을 만큼 힘든 줄 모르게 내 젊음을 쏟아 부었다. 이것도 바로 하나님께서 허락해 주신 내가 가야할 길 중의 하나라고 생각하면서 말이다.

3. 달팽이 집

이슬비 촉촉이 내린 날. 조그마한 풀섶 위에 달팽이 한 마리가 기어간다. 이슬도 따마시며 커다란 짐을 등에 지고 유유히 산책하는 듯 싶다. 두 개의 더듬이는 방해꾼이라도 나타날까, 연신 두리번거리며 숨어버릴 채비를 한다. 문득 어릴 때 불렀던 동요 한 소절이 떠오른다.

달팽이는 달팽이는 힘이 장사래
등에다가 집을 짓고 이사하지요.

달팽이 분수에 맞게 등에 지고 다니는 짐은 달팽이의 안식처요 낙원이며 완전한 그의 소유일 것이란 생각을 했다.

우리는 이곳으로 이민을 온 지 3년쯤 지나 아주 작은 타운 하우스를 샀다. 은행돈으로 산 것은 분명한데 임대 아파트에서 살았던 기분과는 영 달랐다.

문을 열자 땅을 딛고 드나들 수 있고 뒤뜰에서 고기라도 구워먹을 수 있다는 것, 사과나무에서 파란 사과가 제법 열려 비록 벌레먹은 구석은 있었어도 싱그러워 더 맛있게 깨물어 먹을 수 있었다는 것, 그리고 풋고추라도 심어 입맛을 돋우었던 그 기분, 10년 동안 살면서 어지간히 정이 들었었다.

그런데 몇 번인가 장난꾸러기 동네아이들이 돌멩이로 유리창이 깨지고, 벽 하나 사이로 밤새 틀어놓은 이웃집 음악소리가 귀에 거슬리기 시작했다. 아이들이 자라면서 집이 좁다는 불평이 나오게 되고 대학에 입학하자 시내로 통학하는 길이 멀다하며 이사를 가자는 이야기가 수도 없이 오갔다.

그래서 어느 날 특별한 계획 없이 집을 팔았다. 기회를 보아 더 큰 집을 사자는 속셈이 있었기 때문이다. 임시로 거처한다는 마음으로 우리는 아파트로 이사하였다. 그런데 이게 웬 말인가? 내 집이 아니라는 허전함 때문에 이사를 온 그날부터 온통 뿌리가 뽑혀나간 나무토막 같은 기분이 들어 가슴을 앓아야 했다. 이민초기에 느꼈던 그 막연함이 아파트에서 자던 첫날밤 마음 속 깊이 파고들 줄이야 상상이나 했겠나.

우물쭈물하는 사이 집값은 배로 뛰어올랐으니 내 등에 지기 알맞은 타운 하우스 생각에 잠못 이루는 밤이 늘어났다.

세월이 흐르는 사이 아이들은 모두 대학을 졸업했고 내 가슴앓이도 체념이란 약으로 차츰 치유되었다.

어느 날 아빠의 서재가 따로 없는 점을 늘 안타깝게 생각하던 아들 녀석이 가족회의를 소집했다. 우리 모두 힘을 합하여 우리 실정에 맞는 집을 찾아보자고 제의한다. 어미된 도리로 어찌 선뜻 녀석의 제의를 받아들일 수 있겠는가. 몇 해 있으면 장가도 가야하고 공부도 더 하고 싶은 눈치를 알고 있는 나는 “아빠 엄마와 같이 사는 동안 부지런히 저축하여 네 집을 마련할 궁리나 하여라” 했다. 제 부모 생각해 주는 녀석의 마음가짐만 고마워서 달팽이집 같은 집이라도 다시 갖고 싶다는 생각을 꿀꺽 삼키며 그렇게 대꾸하고 말았다.

4. 스승과 선배와의 만남

나는 이민을 오길 참 잘했다는 생각을 종종 한다. 캐나다가 내 조국보다 살기 좋고 질서와 평화 속에서 내 삶을 마감할 수 있을 것이란 생각에서만 잘 왔다는 이야기는 아니다. 우리 아이들이 구김살 없이 뻗어나갈 수 있는 환경을 조성해 주었다는 데서 잘 왔다는 이야기도 아니다. 나에게는 이보다 더 자랑스럽고 더 깊고 복스러운 기회가 주어졌다는 사실 때문에 잘 왔다는 것이다. 내가 아직 고국에 있었더라면 감히 가까이 뵐 기회조차 없으신 분들을 모실 수 있다는 행운을 말하는 것이다.

장공 김재준 목사님, 정대위 박사님, 그리고 대선배가 되는 이상철 목사님이시다. 이분들은 모두 목회자이시며 교육자요 문필가들이시다. 그 깊이도 넓이도 헤아릴 수 없이 큰 그릇은 천하라도 포용할 수 있는 용량을 가지고 있다. 김재준 목사님은 한국신학계의 거장이셨다. 한국신학대학 학장으로, 그리고 교수로 계실 때 우리는 윤리학 강의를 들었다. 1974년 명동성당에서 함석헌 선생님들과 함께 유신반대의 한 대열에 선 것을 비롯하여 모국의 민주화 운동에 앞장서신 분이었다. 믿음과 삶의 일체성을 장공 선생님의 삶속에서 찾아내곤 하였다. 결국 모국으로부터 추방당하다시피 토론토에서 10여 년을 사셨다. 목사님께서 토론토에 계셨을 때는 세계 각처에 흩어져 있는 제자들, 교계인사들, 한신 교수들께서 이곳을 방문할 적마다 함께 할 기회들이 많았었다. 흔들림 없는 거목으로 의연히 서 계셨던 정신적인 지주이셨다. 이곳에 계시는 동안 자서전『범용기』여섯 권이 써졌고「제3일」이라는 잡지를 속간하셨다. 장공사상을 집대성한 장공전 집을 비롯하여 수없이 많은 선생님에 대한 연구는 지금도 후학들에 의해 활발하게 진행되고 있다.

1983년 수년간의 망향살이를 뒤에 두고 영구귀국해야 했던 김재준 목사님. 그때 나는 심장 한구석이 떨어져 나가는 아픔을 겪었다. 목사님께서 토론토에 계시는 동안 새해가 되면 으레 한신 동문들은 목사님께 세배 드리는 것을 잊지 않았다. 스승과 제자들과의 만남의 자리에는 김이 모락모락 나는 떡국이 준비되었고, 옛이야기처럼 들려주시는 목사님의 말씀은 우리들을 깨우쳐 주셨고 격려해 주셨다. 고달픈 이민목회 현장을 방문해 주시며 제대로 서지 못하고 넘어질 듯 했던 우리 내외를 끌어올려 주시려고 무던히 애를 써주시었다. 게장을 무척이나 좋아하셨기에 어쩌다가 저녁이라도 준비해 놓고 모시려면 한 번도 빈손으로 오시는 법이 없으셨다. 손수 쓰신 휘호에 동석(東石) 혜기(惠基)라는 이름을 꼭 적어 넣어 주셨다. 목사님의 사랑을 잊을 수 없다.

우리는 한동안 구심점을 잃고 허전한 마음을 달랠 길이 없었다.

목사님께서 1987년 소천하셨다는 소식을 들었다. 정대위 박사께서 들려주셨던 마지막 운명 직전의 모습을 그림처럼 선명히 볼 수 있게 해주었다. 기진하신 상태에서도 붓을 놓지 않으셨다는 선비의 모습과 앞서가는 신앙인의 자세가 듣는 이로 하여금 경외스러움을 금할 수가 없었다.

정대위 박사님께서는 장공의 병상을 지켜보시며 마지막 가시는 모습을 우리에게 생생히 전해주셨다. 86세를 일기로 별세하신 장공 선생님을 기독교장로회에서는 교계장(敎界葬)을 주관하셨던 것이다.

오타와 칼튼 대학 교수의 자리에서 정년퇴직하신 후 정대위 박사님께서는 장공 선생님이 귀국하셨던 같은 해 한신대학 학장으로 부르심을 받고 모국으로 떠나셨다. 그러니 스승 없는 세월을 몇 해 동안 보낸 셈이었다. 한신대에서 4년간의 임무를 마치시고 1987년 토론토로 다시 돌아오셨다. 다시 든든한 정신적인 구심점으로 우뚝 서 주셨으니 더할 수 없이 기뻤다.

내가 한신에 입학했을 때 정 박사님은 이미 교수로 재직하고 계셨다. 예일에서 박사학위를 받으신 후 한신에서 인류학를 강의하였다. 참으로 명강의였다. 이후 건국대학 총장으로 계시다가 캐나다로 오셨다. 캐나다 정부에서 1965년에 정식으로 한국이민을 받아들이기로 결정한 배후에는 정 박사님의 공헌이 컸었다.

70년대 초부터 오타와 칼튼 대학 교수로 10년이 넘게 봉직하였다.

1992년 3월 14일, 정대위 박사님의 자서전『하늘과 땅 그리고 먼 길』출판기념회를 토론토 라마다 호텔에서 가졌었다. 일체 개별로 초청장을 발송하지 않았음에도 평소 박사님을 존경하고 있던 분들이 스스로 이 모임에 찾아오셔서 성황을 이루었다.

당시 이상철 목사님은 이민교회 20년 현장 목회에서 은퇴하신 후 캐나다 연합교단 총회장과 토론토 대학교 빅토리아 대학 챈슬러로 계셨다. 이 목사님은 장공 김재준 목사님의 사위이며 정 박사님의 제자이기도 하다. 이 목사님은 정 박사님 자서전을 읽고 다음과 같이 말해주고 있다.

"같은 인생의 경험인데도 그것을 대하는 자세, 그 뜻을 지향하는 차원, 그 뜻을 의식하면서 삶의 자세를 결단해 가는 지혜와 용기면에서 범인들로서는 흉내 내기 어려운 드높음을 가지고 계시다. 우리에게 역사의식을 가지고 사는 지혜를 가르쳐 주셨다. 뿐만 아니라 역사의식을 가지고 살면 아무리 인생사가 파란곡절로 가득차 있어도 낙관주의와 감사와 유머 감각을 가슴에 듬뿍 안고 살 수 있다는 소중한 삶의 길을 가르쳐 주셨다"고 했다. 정신적인 빈곤에서 허덕이며 사는 우리들에게 용기를 북돋아 주시고 격려의 박수를 보내주시곤 했다. 박사님께서는 2003년 7월, 86세를 일기로 우리 곁을 영영 떠나셨다. 여성동인 처녀집『내가 선 땅에서』란 원고에서 정 박사님께서 남겨놓으신 독후감을 장을 따로 하여 실은 이유도 박사님에 대한 그리움 때문이다.

두 분을 잃고 난 그 자리를 이상철 목사님께서 메워주시고 있다. 캐나다 교포들의 대부(代父)란 말에 아무도 이의를 제기할 수 없을 만큼 우리 앞에 우뚝 서 계시다.

정신적인 지주로 모시는데 주저함이 없다. 가장 존경

스런 목회자의 '사모'가 누구냐고 묻는다면 나는 서슴지 않고 김신자 사모라고 주저하지 않는다. 거목인 이 목사님 뒤에는 사모님의 내조는 말할 것도 없다. 김재준 목사님의 큰 따님이며 내 개인적으로는 한신 선배이기도 하다. 두 분께서는 정 목사의 사고 이후 말없이 우리를 챙겨주시고 후원자의 역할을 해주고 계시다.

팔순을 살아가고 계신 이 어른께서 고향인 러시아 땅 블라디보스톡을 처음으로 방문하신다고 한다. 7월 14일 장정에 오르신다니 강건하신 모습으로 귀환하기를 기도한다. 개발도상에 있는 그곳에서 한민족들의 생활상을 돌아보고 당신께서 해야할 일거리를 한아름 안고 돌아오실 것이 분명하다.

힘들고 지칠 때 어르신들께서 남겨주신 발자취를 더듬어보며 마음의 양식을 구하곤 한다. (2006년 6월)

5. 도움말이 상처가 되어

내가 몹시 힘들어하고 있을 때였다. 남편의 친구인 L씨가 병원으로 우리를 방문해 주었다. L씨는 나에게 위로의 말을 해주려고 많이 애쓰는 듯 싶었다.

"내가 잘 아는 부인이 있는데 그 부인의 남편이 뇌종양 수술을 받은 후 반신불수가 되었습니다. 장애자가 된 남편은 자신의 장애를 받아들일 수 없었던 것입니다. 자신이 신에게서 버림받았다는 절망감이 그를 분노케 하였습니다. 거기에 우울증까지 겹쳤거든요. 그래도 부인은 참을성 있게 정성을 다하여 간호하였습니다만 의처증까지 겹쳐 수시로 휘두르는 남편의 포학성을 감당하다 못하여 10년간의 애씀을 포기하고 헤어지는 길을 택하였습니다."

L씨의 말을 듣는 동안 나는 아주 당황하고 말았다. 교통사고로 나의 남편도 뇌를 다쳤고 그로 인해 휠체어를 사용할 수밖에 없는 장애인이 되었기 때문이다. L씨의 뜻은 앞으로 나에게도 일어날 수 있는 가능성에 대한 경고였을 것이다. 그러나 그때 나에게 필요했던 것은 경고가 아니었고 긍정적인 위로였던 것이다.

나도 똑같은 실수를 했던 몇 년 전의 일이 떠올랐다. 토론토 모 대학 연구교수로 왔던 P씨는 마침 남편이 시무하고 있던 교회의 출석교인이었다. 그때 자동차가 없는 그분 가족을 모시고 즐겁게 주일예배를 참석하곤 했었다.

1992년 12월 어느 날 P씨로부터 전화가 왔다. 한국에 계신 어머니께서 뇌졸중으로 쓰러졌는데 어떻게 했으면 좋겠냐는 의논의 전화였다. 내가 너싱 홈에 근무하고 있다는 것을 알고 있는 그 분이기에 쉽게 대화가 이루어졌다. 차도가 있어 퇴원하신 그 분의 어머니는 며칠 후 다시 쓰러졌다는 매우 당황한 전화를 다시 받게 되었다. 이때 나는 거의 가망이 없는 어머니의 상태를 짐작할 수 있어 마음의 준비를 해주고 싶었다. 나는 솔직하게 몹시 안타까우시겠지만 최악의 경우를 생각해서 한국에 있는 형제들과 의논하여 결국 장례준비를 해야 하지 않겠느냐는 내용이었다. 그리고 그 어머니는 해를 넘기지 못하고 세상을 떠나셨다.

1993년 1월 첫 주일이었다. 예배 후 친교실에서 만난 P교수는 나를 불러 세웠다. 위로의 말씀을 드리기도 전에 모든 분들이 보는 앞에서 격노한 목소리로 말했다. "어떻게 그렇게 말할 수 있습니까? 그러시면 안 됩니다." 졸지의 이 말에 나는 영문을 몰라 "제가 무엇을 잘못 했나요? 말씀해주시면 고맙겠습니다." "목사 사모이면 따뜻한 말로 감싸주는 말을 해주었어야 하는데 아무리 직업의식이 강하지만 어떻게 그렇게 냉정할 수가 있습니까? 최악의 경우에 대비하라니요." 한 대 얻어맞은 기분이었다. 아무 소리도 못하고 난 자리를 떠났다. 혼자 있고 싶었다. P교수는 어머니의 임종을 지켜보지 못할 것이란 맏아들로서의 죄책감과 어머니에 대한 그리움을 막을 수 없는 그런 슬픔 속에 있을 때 따뜻한 위로와 이해, 희망을 걸 수 있는 말 한마디를 기대했던 것을 뒤늦게 깨닫게 되었다. 나는 그 분에게 너무나 미안했다. 한 시간이 훨씬 지나, 나를 찾아다니던 남편은 오늘 저녁 추도예배를 함께 드리기로 했으니 그 분의 말 때문에 너무 상심하지 말라고 위로해 주었다.

현실을 받아들일 준비가 되지 않아 비통해 하는 사람, 또는 가족에게 경고나 사실의 설명보다는 이해와 위로가 얼마나 큰 힘이 되는가는 이 두 경험을 통해 절감하게 되었다.

엘리자베스 쿠블러 로스(Elisabeth Kubler Ross) 박사가 오랜 연구 끝에 발견한 5단계의 비통 극복의 과정(Grieving Process)은 유명하다. 졸지에 불행을 당한 사람은 항의-부인-협상-절망-받아들임의 순서를 꼭 따르지는 않으나 대체로 이 과정을 거치게 된다.

나 역시 처음엔 남편의 사고를 믿지 않으려 했다. 왜 하필이면 나의 남편이냐고 항의도 하다가는 남편만 살려주면 우리 남은 삶을 하나님께 바치겠노라고 협상도 하였다. 남편의 반신불수가 영구적인 것이라는 현실 앞에 우리는 당황하였고 절망하기도 하였다.

상당한 시간이 흐른 후에야 현실을 '받아들이게' 되었다. 아주 고맙게도 가장 고통을 당해야 할 그이가 자기의 있는 모습 그대로를 받아들이고 있었다.

어머니의 위독함을 부인하고 싶어했던 P교수에게 현실을 받아들이라고 했던 나는 아주 서툰 위로자였다. 이런 의미에서 L씨도 마찬가지였다. (1996년)

6. 결혼의 위기에서 새로운 세계로

1998년 6월 어느 주말 열네 쌍 부부들의 특별모임에 우리도 함께 했다.

제법 긴 세월 동안 결혼해 살아온 부부들이다. 어떤

이는 중년의 문턱을 막 넘어서기도 했고 아니면 중년을 지나 육십을 바라보거나 살고 있는 부부들끼리의 만남이었다. 우리 모두는 상당한 공통분모를 공유하고 있었다.

토론토의 한 변두리 호텔에서 가진 한적한 모임장소의 분위기는 낯선 이 분들과의 만남에서 오는 낯가림을 금방 벗어나게 해주었다. 우리 부부만 빼고는 모두 천주교 신자들이었다. 장애를 입은 목사와 그 아내인 나의 출현은 어색한 분위기를 자아낼 법도 한데 우리의 있는 모습을 그대로 받아주었다.

3박 4일 동안 집중적으로 결혼생활의 현주소를 진단하고 지금까지의 삶을 재조명해보는 심도 깊은 모임이었다. 시간이 흐름에 따라 우리 모두는 서로에게 정직할 수 있었고 허물없이 서로를 나눌 수 있었다.

눈물범벅이 되어 결혼 위기의 순간들을 이야기한다. 부부이면서도 따로따로 혼자서 외롭게 싸웠던, 그래서 벼랑 끝에서 추락 직전의 아찔했던 경험도 말해준다. 그런데 한결같이 추락 직전에서의 구원자는 하나님께 향한 믿음이었고 배우자의 사랑과 용서, 이해와 갈등을 넘어선 용기가 있었기에 가능했다는 것이다. 함께 극복하기도 했고 따로 힘든 싸움도 했다. 아내가 남편을, 남편이 아내를 배신하는 아픔과 분노를 경험했을 때 이별 대신 결속의 질서를 택한 것은 두 사람만의 의지로만은 아니었다고 고백한다.

결혼의 질서를 깨트리지 않았다는 것에 모두는 아주

감사하고 있다.

사랑하는 것도 절로 되는 것 같지만 이를 간직하기 위해선 순간순간 결단이 없이는 안 된다는 것을 배웠다. 함께 손잡고 기도할 수 있는 부부는 힘든 일에 직면할 때마다 긍정적인 자세와 믿음의 눈으로 사건을 보게 된다.

우리 가슴 속에서 하나님의 터치를 경험함은 결코 인간의 힘보다 더 강한 성령의 역사가 있었음을 고백하게 된다. 열린 마음을 가진 부부들만의 마음의 피난처와 같은 모임이었다. 자유롭게 서로의 부끄러웠던 점, 약점들까지도 나눌 수 있는 용기가 생겼다. 느낌으로 윤리적인 책임이 없다는 말에 조금은 안심한다. 마음속으로 남편 아닌 다른 사람을 아내 아닌 다른 여자를 좋아할 수 있는 것은 인간으로서 자연발생적인 감정으로 우러날 수 있다는 것에 공감한다. 하지만 느낌이 발전하여 행동하고 싶어질 때 윤리성과의 싸움이 시작되면서 위기의식을 갖게 한다. 성격적인 차이로 인하여 수없이 부딪히며 부부간의 결속력에 금이 가고 마지막 카드까지 내밀기도 한다. 결혼의 붕괴를 예측할 수 있는 징조에 민감했음에도 너무 늦었다는 현실 앞에서 당혹스러운 경험인들 얼마나 많이 했었겠는가.

고통스런 사건들이 쳐들어왔을 때, 억울하고 답답한 삶의 현장에 내동댕이쳐졌을 때, 하늘에 대고 소린들 얼마나 질렀겠는가. 잔인한 하나님, 욕심쟁이 하나님, 짓궂은 하나님, 욕하고 원망하고 싶은 마음의 소용돌이 속에서 부부는 서로 갉아먹기를 얼마나 했었겠는가. 이런 위기 속에서도 문제의 핵심이 자신 속에 있다는 성찰(省察)에 이르니 극복이 되더라는 고백을 서슴치 않고 한다.

정직하게 자신들의 모습을 다시 들여다볼 수 있는 이번 부부들의 만남은 첫사랑 회복의 절실함도 느낄 수 있게 해주는 값진 모임이었다.

삶의 현장은 대답보다 질문이 훨씬 많다는 인간적인 약점 앞에서 용기를 잃기도 하나 때때로 이런 나눔의 시간을 통하여 재건(再建)의 힘도 창출해낼 수 있다는 마음을 안고 귀가하였다.

7. 더불어 살면서

어느 날 우연히 도쿄 세타가와 자택 응접실에서 홍석현 중앙일보 본사 사장과 노벨 문학상 수상작가 오에 겐자부로와의 대담기사를 읽었다. 거기에 이런 이야기가 나온다.

"선생님의 작품『개인적 체험』의 주인공 버드의 첫아들이 뇌 헤르니아를 가지고 태어납니다. 처음엔 자식을 죽게 내버리려다 수술로 살려내 공생합니다. 이건 선생의 장남 히카리 씨를 실제 모델로 한 것인데 무엇이 버드로 하여금 아들을 살려 함께 살기로 결심 하였습니까?"

"인간의 존엄성입니다. 버드는 인간의 존엄성을 느끼고 아이와 같이 살아가자고 했고 내가 이 아이를 버리면 나 자신의 존엄성과 윤리가 무너진다고 생각한 거죠."

여기에 '공생'이란 말이 나온다. 실제 그의 자서전 격인 『치유받는 가족』을 읽다보면 장애자 아들과 더불어 살며 작가의 가정도 구원을 받게 된다.

내가 신학교에 입학원서를 내려갔을 때 교정에서 뜻밖에도 내 키보다 작은 척추장애 여인을 만났다. 순간 나는 보지 못할 것을 본 것 마냥 얼굴을 외면하였다. 그러면서도 나의 호기심은 흘끔흘끔 그녀를 쳐다보며 뒷걸음을 치고 있었다. 교무실에 들어가 보니 어느새 그녀는 입학원서를 접수하고 있지 않은가. 직원으로 일하고 있는 그녀가 신기롭기만 하였다. 대학생활을 하면서 그녀와 나는 한 기숙사에서 보내게 되었고 우리는 무척 가까운 사이가 되었다. 함께 살다보니 튀어나온 곱사등은 눈에 보이지 않았다. 다만 내가 좋아하는 선배로 한 아름다운 여인으로 보이기 시작하였다. 그 분의 인격과 만나게 되니 오히려 내가 부끄러웠다. 더불어 문학을 이야기하고 영화관을 다니고 신나게 연애까지 하며 당당하게 사는 그녀의 모습에서 처음 대했을 때의 이질감은 완전히 없어졌던 것을 기억한다. 그리고 선배는 교수 남편과 두 아이의 엄마로 행복하게 살고 있다.

남편의 휠체어를 부끄럽지 않게 여기는 것은 아프고 괴로웠던 삶을 함께 나누며 살아온 공생의 지난날이 있었고 또 현재가 있기 때문이다. 남편이 장애인이 된 것은 부끄러움이 아니다. 장애인이란 자의식 때문에 자신을 포기하고 당당하게 살지 못하고 사람답게 사는 길을 포기하게 되면 그것이 더 부끄러울 것이다. 장애자의 길을 선택해서 걸어가는 사람은 아무도 없다, 그러나 장애인이 될 가능성은 누구나 지니고 있다. 남편은 지체가 불편한 사람들을 장애인 동지라고 부른다. 이 장애인들이 비장애인과 분리되어 사는 것을 거부한다. 그래서 장애인 공동체 가족이라면 장애인 자신들과 가족들과 자원봉사자 모두를 일컬어 말해주고 있다. 몸의 반밖에 쓰지 못해 뒤뚱거리며 걷는다 해도, 언어가 어눌해서 똑똑히 알아듣기 힘들다고 해도, 있는 모습 그대로 받아주는 편안함이 있어 좋다.

장애인 공동체 창립 1주년 기념음악회를 준비하면서 나는 매일매일 작은 기적을 경험했었다. 아니, 음악회를 한다는 그 자체가 기적인지 모른다. 하나님은 계속해서 인간을 통해 사랑의 메시지를 지닌 일꾼들을 보내고 있다. 우리가 아직 절망할 수 없다는 것은 하나님의 형상이 우리 마음 깊이에 자리잡고 있기 때문이라 믿는다.

인간에 대한 존엄성, 공생하며 경험하는 인격적인 만남, 거기에 더하여 하나님의 사랑까지도 체험하게 되면 치유의 놀라운 기적이 일어난다. (1998년)

8. 사랑과 정(情)

* 딸 내외와 아이들, 그리고 아들 내외

“엄마, 12월 19일 저녁 시간은 꼭 비워놓아야 해요. 아무리 바빠도 중대발표가 있으니까요.”

아들 훈이 올봄에 오랫동안 혼자의 삶을 포기하고 서양아이를 아내로 맞이한 터라 짐작이 가는 것은 뻔하지만, 그러마 하고 약속을 하였다.

그날은 우리가 살을 맞대며 살아온 지 만 40년이 되는 날인데 이 아이가 이 날을 잊어버렸나 하는 의구심이 생겼으나 임신했다는 선포라도 하면 정말 의미있는 저녁이 될 것 같아 오히려 기다려졌다.

그이와 나는 기대감에 부풀어 정장을 하고 정확히 6시 45분에 로비로 내려갔다. 휠체어에 앉아 있는 그 이의 정장 모습이 보기 좋았다.

차안에 앉아 있는 로라는 화장을 해서인가 얼굴이 더욱 건강하고 예뻐 보였다.

혜은이는 오지 않는가 물었다. 시치미 떼며 못 온단다. 아이들이 보고 싶은데 실망이었다.

실버 시티(Silver City) 건물 안으로 들어간다. 언젠가 한번 와본 왜식집으로 우리를 안내하였다. 넓고 깨끗하다. 그이가 좋아하는 청주를 시키고 저녁 주문을 했다. 7시 30분쯤 되자 못온다 했던 혜은이 식구가 모두 왔다. 녀석이 하나 둘씩 나를 놀라게 해주었던 첫 장면이다. 우리 여덟 식구가 모두 모였다.

이민 당시의 네 식구가 배로 늘어났다. 이만하면 괜찮은 수확이다.

재인이는 아빠 품에서 잠들어 있지만 손자들을 만나는 시간은 언제나 즐겁다.

큰 녀석 재민이가 나한테 안긴다. 할미인 나는 그저 행복하기만 했다.

식사가 끝날 무렵 아들의 눈치부터 보았다. 중대발표를 한시라도 빨리 듣고 싶은 마음을 애써 감추며 말이다.

"자, 이제부터 중요한 아나운서 멘트를 하겠어요." 노트북 컴퓨터를 우리 앞에 돌려놓았다. 문자발표인가? 뜻밖에도 남편의 고등학교 교복 차림의 사진이 크게 비쳤다. 어! 사각모를 쓴 졸업사진, 결혼사진, 저희들 어릴 때 사진들이 하나하나 사이버 공간에 나타나기 시작했다. 그리고 딸은 선물상자를 내 앞에 놓았다. 바로 40년 전에 찍은 우리의 결혼사진. 유리판에 새겨져 사진틀에 넣은 액자였다. 어디서 수집했는지 제법 훌륭한 가족사진 쇼다. 보기가 좋았다.

'결혼 40주년을 축하합니다(Happy 40 Wedding Anniversary)'

아, 그렇구나. 이 녀석들이 우리의 이날을 잊지 않고 있구나. 며느리 임신 소식 대신 결혼기념 파티였다.

"이 결혼이 없었더라면 아마 우리는 세상에 없었었을 것을. 엄마 아빠, 행복하세요." 딸의 한마디였다. 그 다음에 나온 선물은 예쁘게 포장된 작은 상자이다. 백금에 빨간 루비를 박은 반지다. 내 손가락에 꼭 맞는다. 눈물이 핑 돌았다. 아빠에게는 DVD 플레이어 선물증서였다. 너무나도 잘 만들어진 증서다. 그런데 거기에도 그이와 내가 함께 찍은 대학 졸업사진이 찍혀 있지 않은가. 이 아이들은 우리를 계속 감동시키고 있다. 갑자기 식당 종업원이 몰려왔다. 손에 케익이 들려있다. 결혼기념 찬가를 합창한다. 가장 감격스런 순간이었다. 네 개의 촛불은 40년의 세월을 스스로 말해주고 있다.

남편은 바보스러울 만큼 열린 입을 다물 줄 모른다.

첫사랑의 세월부터 미움도 있었고 배신도 있었던 40년간의 시간들이었다. 우리 가족이 위기의 한가운데서 고통을 당하고 있을 때 세월은 우리 모두를 한마음으로 묶어주었다. 이 아이들을 통하여 가족이 얼마나 소중한가를 절실하게 가슴 저리도록 경험하게 했다. 사람의 힘으로 헤어날 수 없는 지경에 이르면 신앙이 우리를 붙들어 주었다.

이제 우리는 부부라기보다는 남매와 같은 관계이다. 정으로 끈끈하게 밀착되어 한쪽이 없는 또 한쪽을 상상하기는 불가능할 것 같다. 서로가 서로에게 엄청나게 익숙해 있으면서도 실상 우리는 철저히 독립된 개체이다. 40년을 함께 한 부부는 생각이 다르고 취미가 다르고 느낌이 다르다 하여도 넉넉히 공존할 수 있는 공통분모는 무엇이었을까. 그것을 나는 '정(情)이다' 그렇게 답을 쓰고 싶다. 사랑과 정은 무엇이 다른가. 사랑이 서양적이라면 정은 상당히 동양적이다. 그래서 미운 정도 정이라 했다. 사랑이 뜨거운 열정이라 한다면 정은 은근히 꺼지지 않는 불씨라 말하고 싶다. 서로를 가엾이 여기는 마음, 그 긴 세월을 결혼의 질서를 지키며 동거동락해 왔다는 고마움, 이런 데서 오는 연민의 정이 있다.

이날로부터 벌써 사 년의 세월이 후딱 지나갔다. 여기에 사 년만 더하면 금혼식을 해야 할 판이다. 그날이 돌아오면 우리 아이들도 중년의 한가운데로 들어선다. 사랑의 열정이 좀 식어간다 해도 정으로 똘똘 뭉쳐 우리처럼 노년의 세월을 즐기는 우리 아이들이 되었으면 좋겠다.

(2006년)

제4장

요양원 속의 영혼들

1. 크리스마스 파티

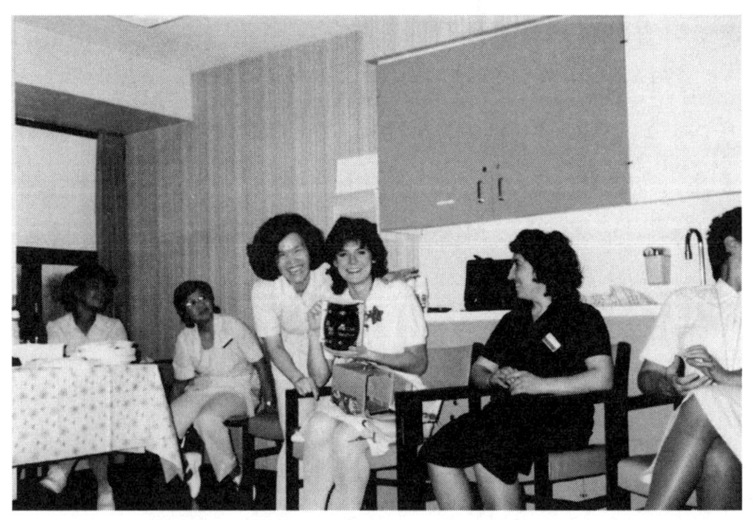

* CPL 너싱 홈 근무당시 동료 간호사들과 함께

1989년 12월 14일 저녁. CPL 요양원의 정문에 들어서니 크리스마스 캐럴이 울려퍼지고 있다. 7시 30분부터 시작한 크리스마스 파티는 이미 진행되고 있었다. 파티라고 하지만 성장한 신사 숙녀들의 음악과 춤과 칵테일이 있는 그런 화려한 것이 아니다. 넓은 홀 안에는 한결같이 휠체어에 앉은 노인들이 무대를 중심으로 즐비하게 앉아 있다.

나는 이 자리에서 근속 15년 표창을 받게 되어 있다. 5년 전부터 4층과 2층 병동에서 야간근무하는 동안 나와 함께 1976년 개원 이래 10여 년 동안 애환을 함께 나누었던 3층 병동의 낯익은 환자들의 모습이 거의 보이지 않는다. 그나마 생존해있는 사람들은 파티에 참석할 만큼의 건강도 허락이 안 되나보다.

내 가슴에 꽃이 달려지고 기념품이 증정되고 '밤의 천사 미시즈 정'에게 감사하다는 말이 간호원장으로부터 나왔을 때 그들은 따뜻한 박수로 축하해 주었다. 기어이 내 노래가 듣고 싶다는 94살 된 박클 할머니가 피아노 반주를 자청하고 나섰다, 언제 불러도 언제 들어도 가슴 뿌듯하게 해주는 크리스마스 캐럴 '고요한 밤'을 한국말과 영어로 불러주었다. 잠시 감격스런 순간들이 내 가슴속에서 파도와 같이 출렁거린다. 더러는 눈물을 지으며 나를 따라 합창하는 이들의 영혼 속에 오늘 이 시간 우리의 아기 예수님은 기어이 찾아와 주셨으리라.

300여 명의 환자 중에 크리스마스 파티에라도 참석한 사람은 불과 7, 80명밖에는 되지 않는다. 표창 순서가 끝나자 초로에 접어든 자원봉사자 남성합창단이 신나는 캐럴과 율동들로 이들의 표정을 밝게 해주는 데 충분했다.

분위기가 무르익어갈 때 뒷자리에 앉아있던 라이트 씨가 벌떡 일어났다. 그리곤 노래에 맞추어 춤을 추기 시작하지 않는가! 나는 두 번 세 번 믿어지지 않는 광경에 벌려진 입을 다물지 못했다. 넥타이까지 맨 이 할아버지의 춤솜씨와 행동은 나를 너무나 놀라게 해주었기 때문이다.

라이트 씨는 밤 근무하는 우리들에겐 가장 다루기 힘든 환자 중의 하나였다. 잠도 자지 않을 뿐 아니라 무작정 침대 밖으로 나왔다. 깡마르고 큰 키에 몸을 가누지 못해 넘어지기 일쑤요, 비틀거리는 몸을 붙들어 다시 침대 속에 눕히려 하면 폭력과 폭언을 하고 대소변을 그대로 행사하곤 했다. 나와 마리안에게 배당된 환자는 48명이다. 그럼에도 라이트 씨를 한시라도 우리의 시야에서 떠나게 할 수 없었다. 이렇게 그는 24시간 감시와 간병이 필요한 환자였다.

나도 그의 손을 잡고 함께 춤을 추기 시작했다. 부질없는 짓인 줄 알면서도 그가 내 얼굴을 똑똑히 보도록 하여 그의 기억 속에 남겨지기를 바랐다. 어느덧 나도 그가 환자란 것을 잊었다. 이것이 라이트 씨의 참 모습일 것이라 생각해 보기도 했다. 자녀들과 함께 한 이 따뜻한 분위기는 순간적이나마 본연의 모습을 되찾게 했는지 모른다. 여행을 좋아하고 알프스의 스키장을 찾아다니며 선수 못지않게 스키를 즐겼던 그의 정력적인 지난 생활들의 한 단면이, 그리고 크리스마스 분위기가 그의 마음을 자극했는지도 모른다.

이날 밤 이후 나는 라이트 씨에 대한 생각을 달리하기로 했다. 입원 초기 몇 개월 간 속수무책의 환자로 점찍혔었지만 나는 정중한 태도로 조심스럽게 접근하게 되었다. 오줌을 싸든 소리를 지르든 정상적인 환자로 대해줌으로서 그의 신사적인 모습이 조금씩 드러나기 시작했다. 벽에 몇 장의 그림이 붙어 있다. 그 중 하나가 알프스의 정상이라 할 융후라우 스테이션에 만들어진 '얼음궁전'이었다. 층계로부터 구석구석까지 묘하게 얼음을 파서 만든 희한한 궁전이었다. 나도 1987년 이곳을 방문한 적이 있었다. 잠 못 자는 라이트 씨를 볼 때는 곧잘 나는 스위스의 경치와 알프스 산 이야기를 주고받았다. 그의 눈빛은 빛났고 너싱홈 분위기에서 잠시 떠나있는 모습도 보였다.

이 시절 이후 또 5년의 세월이 흘렀다. 어지간히 정들었던 라이트 씨가 세상을 떠난 지도 5년이 지났다. 이 글을 쓰고 있는 지금이 1995년 1월이니까 20여 년이란 기나긴 세월동안 수백 수천의 환자를 돌보며 숱한 일화가 내 가슴 깊이 차곡차곡 쌓여져가고 있다. 어느 것은 엉켜있기도 하고 어느 것은 정리된 채 마지막 가는 사람들의 이야기 꾸러미가 풀려 나오기를 기다리고 있다. 20년 이상 이민생활의 많은 애환들이 이곳에서 펼쳐졌다면 어찌 냉큼 이곳을 떠날 수 있겠는가.

8년 만에 다시 돌아온 3층 병동, 낮이 밤으로 바뀌어

졌을 뿐 그때 돌보았던 환자들은 거의 가버렸는데 내 가슴 속엔 새삼스런 회상으로 그들의 얼굴을 그리고 있다. 309호실에서 문득 '미시'가 뛰어나올 것 같은 환상에 빠진다. 그리움을 달랠 수 있는 것은 내 가슴 속에 아직도 동료로서의 우정을 잊을 수 없기 때문일 게다. 3년 동안의 윌리엄 모르건 CPL 시절에 이어 7년 동안의 알비온 로드 CPL에서 낮 근무했던 3층 병동! 이렇게 만 십 년이 지난 후 1984년부터 나는 개인 사정으로 자원하여 야간근무로 들어갔다.

2. 윌리엄 모르건 CPL 시절

모든 것이 새롭고 신기하기만 하였다. 낯설음이 두려움으로 다가왔고 캐나다가 아무리 잘 살고 훌륭한 나라라 했지만 역시 우리는 이방인이었다.

가진 것도 없고 영어도 서툴고 기술도 없는 우리가 이 땅에서 살아남기 위해서는 넘어야 할 산들이 너무 많았다. 일용할 양식부터 해결하는 것이 우선이었다.

아이들은 학교로 가고 남편은 직장을 찾아서 우리들 삶의 터전의 그루터기를 가꾸기 시작하였다.

집 가까이 CPL 양로원에서 게스트 어텐던트의 일자리를 얻었다. 당시만 하여도 터무니없이 부족한 간호사 사정으로 해서인지 무경험자인 나에게도 쉽사리 일자리가 주어졌다.

이때가 1974년 8월 12일이었다. 새 환경에 철저히 무지하다는 이 현실은 엄청난 당혹감으로 몰려왔다. 그중에서도 가장 고통스러웠던 것은 언어소통의 장애였다. 말을 배우는 유아적인 외마디로 임무를 수행해야 하며 자신을 표현할 수밖에 없다는 것은 못 견딜 노릇이었다. 더욱이 의학용어는커녕 일상의 대화조차 자유롭지 못하여 언어소통 문제로 일어나는 치욕스런 것들을 나는 구태여 인종차별이라고 보고 싶지 않았다.

출근 첫 날부터 호된 월사금을 치러야 했다. 필리핀 출신의 노처녀가 내 워크 파트너였다. 어렵고 힘든 일은 모두 다 내 차지였다.

베드 사이드 너싱 케어는 환자의 목욕부터 배설해 놓은 오물처리에 이르기까지 환자 한 사람 한 사람을 돌보는 일이었다. 육체노동이야 얼마든지 감당할 수 있었으나 파트너로 인하여 받는 스트레스는 참으로 많이 나를 울렸다. 첫 해의 고된 수업은 엄청난 챌린지로 나를 자극하였다. 이 땅에서 살아남기 위해서도, 자신을 보호하고 권리행사를 제대로 하기 위해서도, 영어 구사력의 빈혈증에서 벗어나야 하는 것은 필수적이었다.

1967년 CPL은 양로병원(Nursing Home)이 아니라 양로원(Retirement Home)으로 세워졌다. 지상 7층, 지하 1층의 멋진 건물이었다. 이 건물의 지하 일층엔 예배실, 세탁실, 실내운동실, 미장원 등이 있고 1층에는 아름답게 꾸며진 식당과 도서실, 사무실 등이 있으며, 2층부터는 노인들의 방이 있다.

이곳에 입원된 환자는 정부보조금 혜택이 주어지기 때문이다. 내가 들어갈 무렵 CPL 2, 3, 4층엔 이미 상당한 환자들을 수용하고 있었고 5, 6, 7층엔 비교적 건강한 노인들이 입원하고 있었다. 노인 환자들은 늘어나고 너싱홈 수는 절대 부족해짐에 따라 쌍둥이 건물로 세워졌던 이 양로원 중 하나는 정부로부터 환자를 받아들여야 한다는 압력을 받고 1972년부터 환자들의 수는 훨씬 늘어났다. 이로 해서 더 많은 게스트 어텐던트가 필요했고 일자리를 찾아 이곳에 오는 사람들은 어렵지 않게 채용되었다. 채용된 게스트 어텐던트들은 교육수준이 낮은 흑인과 필리핀 사람들로 대중을 이루었으며 구라파와 한국에서 이민 온 전직 간호사 또는 비교적 교육수준이 높은 한국 사람들, 그리고 캐나다 인 몇이서 일하고 있었다. 그러나 얼마 안 있어 한국인 대부분은 다른 직장을 찾아 떠났고 풀타임 게스트 어텐던트는 몇 사람밖에 남지 않았다. 며칠 동안의 오리엔테이션 기간이 끝나자 저녁근무에 들어갔다. 밤 아홉 시가 넘으니 모두 잠자리에 들었다. 깨끗하고 고상하게만 보였던 노인들의 모습은 어디로 가고 전등불 밑에 누워있는 이들은 영락없이 옛이야기 속에나 나오는 이빨 빠진 무덤 속의 귀신같이 보였다.

치매환자들이 대부분인 3층에서 일을 시작했던 처음 몇 개월간의 경험은 잊을 수가 없다. 여기는 분명 인간들의 사각지대였다. 이곳이 바로 삶과 죽음의 경계선에서 인간 말로의 실존을 피부로 느끼게 하는 현장이었다.

어릴 때 꿈은 의사도 되고 싶었고 간호사도 되고 싶었다. 그래서 그랬던가. 곧 환경에 익숙해지면서 비록 말단이긴 하지만 기회가 주어졌다는 것이 신나기만 하였다. 대소변을 치워주고 옷을 갈아 입혀주고 상처를 싸매주고 목욕시켜 주는 일들이 생각보다 견딜만하였다.

4개월간의 저녁근무 끝에 간호원장은 12월부터 나로 하여금 낮근무를 하도록 해주었다. 저녁근무 땐 가족들과 보내는 시간의 희생이요, 남편과는 숨바꼭질 인생을 살게 했던 기간이었다. 아이들은 엄마 없이 저녁을 먹어야 했고 퇴근했을 때 아이들은 이미 잠자리에 들어간 뒤였다. 그랬었기에 남편과 나는 직장으로, 아이들은 학교로 같은 시간에 나갔다가 저녁에 함께 모여 저녁을 나누고 시간을 가질 수 있음은 여간 행운이 아니었다. 뿐만 아니라 낮에 근무하면서 비교적 건강한 노인들을 접촉할 시간이 많아졌다.

노인성 치매에 걸린 환자들이 많은 3층 병동에서 저녁근무했을 때는 대화 없이 행동만으로도 충분하였는데 6층의 많은 건강한 노인들을 돌보다 보니 영어에 서툰 나를 어지간히 긴장하게 만들었다.

말보다는 눈치로 해치우는 날이 더 많았다. 내 마음은 잠시도 긴장에서 헤어날 수 없었고 웃지 못할 에피소드들의 연속이었다. 이때처럼 몸짓언어(body language)의 중요성과 효과를 뼛속 깊이 경험한 적도 없다. 명랑, 친절, 미소, 그리고 민첩한 행동은 말더듬이 시절 첫 몇 해간 CPL 생활을 즐겁고 보람 있게 보낼 수 있는 주무기였다.

몸짓과 표정이 훌륭한 대화의 도구로 쓰였으니 지금 생각하면 쓴웃음이 나온다.

시간이 지나면서 내 귀도 차츰 열리게 되고 내 표현력도 차츰 늘어났다. 그들의 이야기를 알아듣기 시작하니 호기심 많던 나는 그들의 과거 이야기가 듣고 싶었다.

의사였던 윌리엄 할아버지, 실내장식가였던 영 할머니, 변호사였던 스티븐 할아버지, 고등학교 선생이었던 말틴 할머니, 대학교수였던 알버쿵 할머니, 그리고 회사 사장이었던 헐 할머니…. 수도 없이 많은 사람들의 이야기가 있다.

3년간의 윌리엄 모르건 CPL 시절은 캐나다 문화와 습관을 배우는 시절이요, 영어를 익히는 시절이요, 나를 이 문화권 속에 적응시키는 발돋움의 시절이었다. 특히 환자 가족들과의 사귐은 더할 수 없이 즐겁기만 했다. 내 귀는 항상 열려 있고 머리는 바삐 움직이고 입은 새로운 언어를 익히는 데 여념이 없어 마치 배움에 굶주린 고학생 같았다. 간호보조원 자격증조차도 없었던 나는 1976년 4월 조지브라운 칼레지에 저녁 반 코스에 등록을 하였다. 여기서 주로 노인환자들을 간호하기에 필요한 기초적인 훈련을 받았다.

수료와 동시에 헬스 케어 에이드(Health Care Aide) 자격증을 받았다.

그때만 해도 50여 명의 게스트 어텐던트 가운데 자격이 있는 간호보조사는 거의 없었다. 교육수준도 천차만별이었다. 흑인, 아시안, 유럽 인, 캐나다 인 등 습관도, 언어도, 문화도 서로 다른 인종들이 함께 어울려 환자들을 돌보고 있었다. 때로는 동료들의 거친 행동과 받아들일 수 없는 매너는 이런 환경에 익숙지 못했던 나에게 적지 않은 정신적 고통의 요인이 되곤 했었다. 때로는 분노를 일으키게 하기도 했고 환멸을 느낄 때도 마음속으로만 삭여야 했었다. 비록 대소변은 가리지 못하고 정신이 흐려 혼돈상태에 있는 이들일지라도 결단코 우아한 매너와 고맙다는 말을 잊지 않는 이 교양있는 서양 노인들에 비하여 이들을 돌보고 있는 게스트 어텐던트들의 질은 차라리 시장에서 주워온 막돼먹은 사람들 같았다.

3. 노인들의 천국 캐나다

1974년부터 2002년까지 28년 동안 너싱 홈 현장 경험은 충분히 너싱 홈의 실상을 제한된 일부이나마 누구보다 현실감 있게 밝힐 수 있는 증언자가 되었다. 토론토의 인구는 2006년 현재 3백만이 넘는다. 너싱 홈 시스템도 참 많이 발전하였고 노인 환자 인구의 증가에도 불구하고 10년 전에 비하여 비교적 쉽게 장기 노인환자 입원도 가능해졌다. 그만큼 시설이나 수요도 증가한 것은 사실이다. 그러나 요양원 속의 영혼들은 더 행복해질 수 있을까?

저명한 교수이며 사회 비평가인 다니엘제이 바움은 너싱 홈을 말해서 '죽어가는 이들을 위한 집중보호소'(ware house for dearth)라 하였다. 심한 표현인지 몰라도 너무나 실감나게 해주는 곳임을 이런 곳에서 일해 본 사람이나 가족을 맡겨본 사람들은 쉽게 공감할 것이다. 병약하고 가난하고 죽어가는 사람들을 모아 돌보고 있는 성녀 '마더 테레사'같이 사명감을 가진 헌신의 봉사자가 아니라 이 죽어가는 사람들 덕분에 번창한 사업을 벌이고 있는 사람들이 있다. 다니엘 바움은 캐나다의 요양원 사업에 대하여 신랄하게 비평하고 바람직한 요양원은 어떠해야 하는 것을 그의 저서에서 다루고 있다.

캐나다엔 너싱 홈(Nursing Home), 노인의 집, 기타 노인들의 집중 보호소 같은(Long Term Care Facility) 시설들이 상당수가 있다. 장수무강은 인간이 바라는 최대의 욕망이다. 문제는 장수는 하는 데 무강할 수 없는 사람들의 수가 날로 늘어나 병원 침대 삼분의 일은 장기입원을 요하는 노인들로 차있게 되고 노인들 뒷바라지에 허덕이고 있다. 65세는 정년퇴직 연령이다. 생산적인 인구대열에서 비생산적인 소비인구 대열 속에 들어간다.

몇 년 전에 메모해 놓았던 글을 다시 열어보았다.

이 나라의 복지시설이 어느 나라보다 잘 되었다는 사

실을 우리는 부인할 수가 없다. 캐나다는 분명 노인들의 천국이다. 누구든지 영주권 또는 시민권이 있으면 캐나다에서 10년 이상 거주했고 65세가 되면 노인연금을 받을 수 있다. 이들은 노인 아파트를 신청할 수 있을 뿐만 아니라 의료보험은 물론 약품구입이나 기타 여러 면에서 혜택을 받을 수 있다. 이곳에 사는 사람들은 적어도 독립된 삶을 즐기고 있다. 늙어 자식들에게 의지하여 살지 않아도 된다는 긍지가 있다. 금년에 86세가 되신 나의 어머니는 노인 아파트에서 사신다. 1970년 캐나다로 이민 오신 후 자녀들과 함께 지내신 기간이라고는 3, 4년밖에 안 되신다. 독립하고 싶다는 소원은 우리 어머니뿐만 아니라 다른 한국 노인들도 매한가지시다.

정부에서는 어머니께서 사실 만큼의 노인연금을 비롯하여 보조금을 보내준다. 어쩌면 효도가 지극한 아들보다 나은지 모른다. 떳떳하고 자유스럽게 사실 수 있다는 생활 조건은 어머니로 하여금 80대의 인생을 보람 있게, 활동범위의 제한을 받지 않고 함께 늙어가는 동료 노인들을 위하여 온 정성을 기울이며 사신다.

노인 아파트는 노인들의 훌륭한 보금자리이다. 그러나 병약해져 너싱 홈으로 밀려들어가게 되지 않을까 두려워하고 있다. 핵가족에 익숙해지고 개인주의가 발달한 이 사회에서 자녀들은 병약한 부모와 함께 살며 돌보기를 주저한다. 거동할 수 없게 되거나 장기성을 요하는 병이 발발하면 너싱 홈으로 보내야 한다는 생각을 자연스럽게 하고 있다. 이러한 요청 때문에 요양원 사업은 번창일로에 있다. 2백50만밖에 안 되는 토론토만 해도 43개의 사설 양로병원이 있다. 그러나 이것도 절대부족이다. 엄청난 시설과 경비, 그리고 까다로운 운영세칙과 법 규정은 한국인의 손으로 한국 노인을 위한 요양원 설립을 위해 수년간 노력하고 있으나 아직 그 실현단계에 이르지 못하고 있다. 캐나다의 너싱 홈 사업은 대기업화하고 있다. 일간신문, 방송, TV를 통해 수도 없이 요양원 실태를 폭로하고 비판하고 고발하고 구체적인 정보를 국민에게 알리고 시정하려 애쓰고 있다. 베드 200개 이상을 보유하고 있는 너싱 홈들을 캐나다 전역에 지점을 가지고 있으면서 대 기업가들이 자기 기업의 하나로 요양원을 차린 주인공들은 12개 기업체라고 몇 년 전 일간신문에 밝혔다.

국민의 세금으로 메워진 정부보조금으로 환자 입원비의 절반 이상을 충당하고 개인부담금 역시 모든 노인이 연금수혜자이기에 돈 없어 요양원에 못 가는 것은 별 핑계가 안 된다. 1995년 3월 현재로 한 달에 본인이 내는 입원비가 캐나다 달러로 1,300불 이상이라 해도 말이다. 장기성 질환 노인들의 인구증가로 너싱 홈에 들어오려고 대기하고 있는 환자들이 줄줄이 서있어 병실 비우기가 무섭게 당일 또는 다음 날엔 이미 새 환자로 침대가 메워진다. 요양원의 90% 이상을 점유하고 있는 사설너싱 홈들이 영리를 목적으로 하는 한 아무리 법과 규정이 좋아도 최소한의 서비스를 해주고 최대한의 이득을 남기겠다는 기업인들의 생리로 요양원들의 영혼들은 고통을 당하고 있다. (1995년)

4. 영혼을 도둑질해 가는 사람들

캐나다 전역과 미국 플로리다에 있는 너싱 홈과 양로원을 합하여 30개의 지원을 가지고 있는 CPL은 토론토에만도 5개의 양로원을 가지고 있다. 따라서 환자들만 수용할 수 있는 전문기관인 너싱 홈의 필요성은 절실하였다. 그리하여 1977년 4월 토론토의 서북쪽 알비온 로드에 300명의 환자를 수용할 수 있는 건물이 완성되었다. 우리들에게는 근무 연한에 따라 환자들과 함께 전임할 수도 유임할 수도 있는 기회가 주어졌다. 나는 환자쪽을 택하였다. 완전히 병원 체제를 갖춘 4층 건물의 이곳 주위는 옆에 큰 길이 있어 수없는 차들이 왕래하지만 뒷뜰은 너무나도 조용하고 아름다운 공원으로 이루어졌다. 처음 이 건물에 들어섰을 때 아름답게 깔려진 카펫과 질서정연하게 늘어선 식탁들, 넓은 식당과 자그마한 도서실, 그리고 바룸 화이어 플레이스 등 널찍한 특별활동실이 매우 인상적이었다. 환자를 수용한 2, 3, 4층의 병동엔 각층마다 간호실(nursing station)을 중심으로 97개의 베드가 있고 남쪽 병실은 특실로 완전히 독방이고 동, 서 병동은 4개의 베드가 있는 일반 병실과 2개의 베드가 있는 준 특실이었다. 3층의 방 하나는 양호실

(Infirmary Room)이라 해서 죽어가는 환자 또는 격리환자들을 위해 비워두었다. 이 건물로 옮긴 후 처음 8년 동안 나는 3층 병동에서 근무하였다. 많은 환자들이 이미 윌리엄 모르간 CPL너싱 홈에서 나와 함께 지냈던 까닭에 이들과는 각별한 정이 들었다. 4층 병동에는 비교적 건강한 노인들이 적어도 스스로 화장실에 갈 수 있고 거동에 별 불편함이 없는 환자들이 수용되었고, 2층 병동에는 중기 또는 말기에 처해있는 노인성 치매환자들과 또 다른 이름의 치매라 할 수 있는 알츠하이머(Alzhiemer) 환자들이 수용되었다. 3층엔 중풍환자들이 삼분의 일은 차지하였고, 파킨슨씨병, 심장병, 암, 류머티스 등 치료불가능한 장기성 복합질환의 환자들이 많았다.

전출 당시 나는 보조간호사(Health Care Aide) 코스를 거의 끝낼 무렵이었다. 자격 없는 HCA들은 초급대학을 보내면서까지 자격증을 받아오게 하였고 원내에선 계속적인 훈련과 교육을 통하여 보조간호사들의 자질을 키우기 위하여 애를 썼다. 따라서 자격이 없는 HCA는 더 이상 채용하지 않았으며, 우리들의 지위도 게스트 어텐던트에서 보조간호사로 바뀌었고 대우도 조금씩 향상되었다. 각 병동의 스태프 진은 대체로 1명의 RN(병동 책임간호사가 됨), 1~2명의 RNA, 그리고 간호 팀에서 가장 말단이라 할 수 있는 나같은 보조간호사로 이루어졌다. 1명의 HCA에겐 12명 내지 13명의 환자가 맡겨지며 주로 침대 옆에서 간호를 하게 되어 있다. 그러기 때문에 보조간호사는 환자들과 가장 가까이에서 그들에게 필요한 모든 간호와 보살핌을 해주어야할 책임과 의무가 주어졌다.

어쩌면 너싱 홈에서 보조간호사의 자리란 환자들의 생활을 즐겁게도 비참하게도 해줄 수 있는 키를 가진 사람이라 해도 과언이 아니다. 이 말은 백의의 천사도 될 수 있고 백의의 늑대도 될 수 있다는 말이다. 백의의 늑대들의 소문은 너싱 홈을 공포의 집으로 만든다. 설사 백의의 천사에 의하여 너싱 홈이 운영된다 하여도, 또 환자를 잘 봐준다 하여도 '집중보호소'란 성격 자체가 충분히 이곳에 들어올 수밖에 없는 사람들을 두렵게 만든다. 가족과 친구로부터 차단된 생활, 판에 박힌 단조로운 매일의 생활, 인간의 품위와 존중은 묵살되고 제한된 사생활과 낯선 간호사들의 명령에 의하여 원치 않는 일이라도 억지로 준수할 수밖에 없는 곳, 여기서 자유를 누린다는 것은 어쩌면 사치스런 일인지도 모른다. 얼핏 들으면 포로수용소와 같은 인상을 받을지 모르나 크게 또는 작게 환자들의 상태에 따라서 열거하면 끝도 없는 이유로 너싱 홈 생활을 비참하게 만든다.

항상 새것은 좋다. 최신식으로 지어진 너싱 홈에서 계속해서 돌보았던 환자들과 또 새로 입원된 환자들을 돌보며 나는 공연히 신이 났다. 아침 7시 30분에 출근하여 오후 3시 30분이면 퇴근이다. 하루에 일어난 일들을 저녁 식탁에 둘러앉아 가족들에게 보고하는 것도 즐거운 일 중의 하나다. 나는 이날도 무슨 빅뉴스나 된 것처럼 남편에게 호들갑을 떨며 공연히 비분강개하여 감정까지 섞어가면서 시내 어느 요양원에서 일어난 일을 들려주었다.

"토론토 시내에 있는 '옥그리지' 널싱 홈에서는 86세 난 잭슨 할머니의 죽음으로 굉장히 물의를 일으키고 있대요. 공식적인 이 노인의 사인은 '심장성 호흡부전'으로 되어있지만 실상은 '깨진 영혼(Broken Spirit)'에 의하여 회생된 환자 중의 하나라고 가족들은 주장하고 철저한 사망원인을 조사해 달라는 요청을 관계기관에 했다는 거예요." 'Broken Spirit …' 남편은 이 말을 되받아 새겨본다.

"네, 그래요 잭슨 씨는 병원에 이송되기 이전까지 요양원에 11개월 입원하고 있었대요. 이 기간 동안 이 노인의 표정은 늘 어둡고 화가 난 상태였으며 매우 행복하지 못했다고 간호일지에는 기록되어 있지만 왜 이 노인이 이런 상태에 있게 되었는지 무엇이 이 할머니로 하여금 매일 비참한 생활을 받아들이게 되었는지에 대한 원인규명과 이런 환자를 위하여 어떻게 했느냐에 대한 기록은 거의 남아 있지 않았답니다."

"그래서…." 남편은 점점 내 이야기에 빨려 들어가고 있다.

"한번은 잭슨 할머니의 손목이 부러져 있는 것을 가족이 발견하곤 어떻게 해서 이렇게 되었는지 그 경위를 알아보려 했으나 알 길이 없었답니다. 치매가 심한 이 환자는 일어난 사실 그대로를 설명은 못해도 간호사가 자기 손목을 비틀었다고 말한 후 이 일을 결코 간호사에게 캐묻지 말라고 빌더래요. 할머니는 더듬더듬 이 일로 가족들이 떠들면 간호사가 또 어느 방으로 데려갈 것이라며 두려움에 쌓여 되풀이하여 빌더라는 것입니다. 지난 크리스마스 때는 휠체어에 앉은 어머니의 옷이 찢어져 있고 얼굴에는 멍이 들고 핏자국이 있는 코를 보고는 더 이상 참을 수 없어 가족은 경찰에 조사해 줄 것을 부탁했답니다.

이 노인의 딸이 자주 어머니를 뵈러 매주 이곳에 올 때마다 환자들이 이런 대우를 받아서는 안 된다는 생각을 할 때가 한두 번이 아니었답니다. 결국 이 노인은 폐렴증세로 병원에 실려 갔고 병원 당국에서는 이 노인이 영양실조에 체중감소와 심한 탈수현상이 일어났고 이것이 원인이 되어 '심장성 호흡부전증'을 일으켜 사망했다고 밝혔습니다."

묵묵히 듣고만 있던 남편은 엉뚱하게도 이렇게 질문을 한다.

"당신 손에 맡겨진 환자는 어떻고?"

"글쎄요. 그렇게 물으니 할 말이 궁해지네요. 하지만 아직까지는 환자들하고 정이 들어서인지 모르지만 이 노인들이 아주 남같이 느껴지지 않아요. 가끔은 몹시 속 썩이는 환자도 있어 때려주고 싶은 때도 있지만…."

다음날 출근하여 미시에게 옥그리지 너싱 홈에서 일어난 일을 알고 있느냐고 물었다. 그는 나보다 훨씬 자세히 알고 있었다. 그래서 나는 여러 가지를 질문했다.

"그 요양원은 지금 어떻게 되었나요?"

"사실 그 요양원은 침대가 261개로 규모가 제법 큰 곳입니다. 대부분의 간호보조사들이 흑인들이고 간호해 주는 손길이 너무 거칠 뿐 아니라 수준 또한 가족들의 불평을 살만큼 엉망이었다고 합니다. 언론에서 이 문제를 떠들기 전에 원내에선 수습책으로 모든 HCA들을 내보내고 RNA로 대치하기에 이르렀습니다."

그 1년 후엔가 결국 이 너싱 홈은 주인이 바뀌어 다른 사람에게 넘어갔다. 너싱 홈에서 간호사들의 자질문제와 간호하는 자세는 매우 심각하다. 전문적인 치료를 요하는 장기성 질환 환자들에게 너싱 홈은 유일한 해결장소인 것만은 틀림없다. 그러나 가족들의 조그만 도움과 이해가 있으면 함께 여생을 즐길 수 있는 노인들까지도 감언이설로 설득하여 너싱 홈으로 집어넣는 가족들을 나는 수없이 보아왔다.

의사들에게 있어서 시간은 돈이라 한다. 그들은 환자를 진찰한 후 책임간호사에게 약을 처방해 주고 필요한 치료와 각종 검사를 하도록 지시해 주고 있다. 그러나 종종 비인간적이고 무성의한 치료를 하는 것을 볼 때마다 분노 같은 것이 치밀어 오른다. 닥터 C는 10명이 넘는 왕진의사들의 의사수장(Chief Doctor)이다. 그의 의사경력으로나 연령으로 보아도 중견 닥터로서의 관록을 자랑하고도 남음이 있다. 일주일에 한 번씩 정한 요일에 자기 환자들을 회진하는 그가 청진기를 가지고 다니며 진찰하는 것을 거의 보지 못하였다. 볼펜과 환자 명단이 적혀있는 노트 한 권이 그가 가지고 있는 의료기구(?)의 전부였다. 맥박을 재어보는 일도 없고 볼펜으로 환자의 머리를 툭 치며 잘 있었느냐고 묻는 일이 고작이다. 반은 혼미한 상태에서 아픈 곳을 호소하고 싶어 우물쭈물하다 보면 "보기에 괜찮군(You look OK)" 하며 어느새 그 환자를 떠난다.

어느 날 스미스 할머니를 돌보고 있을 때였다. 이 노인은 심장병에다 두 다리에 혈액순환이 전혀 안되어 경직되었을 뿐만 아니라 썩어 들어가고 있는 상태였다. 팔순 노인이지만 매우 똑똑한 할머니다. 그날따라 나에게 다리의 통증을 호소하고 있을 때 닥터 C가 들어왔다.

"하이, 미시즈 스미스, 잘 있었소?"

"글쎄요, 오늘따라 왜 이렇게 다리가 아픈지 모르겠어요."

"그래요? 진통제를 더 복용하면 괜찮을 겁니다."

이렇게 말하곤 그대로 나가려 했다. 참다못한 스미스 할머니가 말했다.

"닥터 C, 당신이 의사요? 무슨 의사의 손에 청진기 하나 쥐어 있지 않고 맥박 하나 재어볼 생각조차 안하우? 그러면서도 당신은 환자를 치료했다고 보고 하겠지? 나가시오. 나한테는 다시 오지 마시오. 당신 같은 의사는 필요 없소."

나는 이렇게 화난 스미스 할머니를 본 적이 없었다. 이 일이 있은 후 며칠 뒤 이 노인은 심장마비로 갑자기 세상을 떠나고 말았다.

왕진하는 의사들에겐 책임을 맡은 환자들이 있다. 297명의 환자들을 몇 명의 의사들이 돌보고 있는 셈이다. 3층 병동에서만도 한 의사가 10명 내지 20명의 환자를 돌보는 데 몇 십 분이면 끝난다. 수간호사의 의견을 참고하나 문제는 수간호사 자신들도 환자들의 상태를 잘 모른다는 것이다. 1977년 CPL 너싱홈 개원 이래 2, 3, 4층 모든 병동의 수간호사들이 1년이 멀다하고 바뀌고 거기에다 수도 없이 다른 얼굴의 파트타임 간호사들까지 합하면 이름을 기억하기에도 바쁘다. 실상 이들만을 나무랄 수가 없다. 한 병동에 96명의 환자를 한눈에 넣고 돌봐야 한다는 책임감과 환자들의 가족과 운영인으로부터 받는 압력도 보통이 아니다. 환자를 돌보는 일보다는 서류를 정리하는 일이 더 많다. 일일이 환자에게 투약을 해야 하며 10여 명이 넘는 스태프들을 통솔해야 하고 매일같이 번갈아 회진하는 의사들에게 환자상태를 리포트해 주어야 하는 일 등 끝이 없다.

경영진에 속해 있는 수간호사들은 노조에도 가입할 수가 없다. 따라서 직장보장이 없고 봉급도 일반 종합병원에서 일하는 것보다 차이가 많다. 이런 이유로 견디지 못해 나가거나 유능하고 존경할 만한 RN은 더 좋은 일자리를 찾아 떠나고 말았다. 일반병원 근무경력이 있는 간호사가 중년이 넘어 간호기술을 그리 요하지 않는 너싱 홈으로 다시 들어오기도 하고 저질의 간호사들이 흘러들어오기도 한다. 그러기에 십 년, 이십년 넘게 일해 온 우리 보조간호사들의 눈에 비친 어떤 간호사들은 서툴고 엉성하여 아찔할 때가 한두 번이 아니다. 훌륭한 책임간호사를 만난다는 것은 우리 보조간호사들에게는 참으로 복된 일이다. 병동의 분위기는 훨씬 명랑하고 즐거워지기 때문이다. 앞에서도 잠시 언급했듯이 침대 옆 간호를 맡고 있는 보조간호사들은 환자 한 사람 한 사람의 생활을 비참하게도 하고 기쁘게도 해줄 수 있다. 12, 13명의 환자를 제한된 시간에 한 사람이 돌본다는 것이 결코 쉬운 일이 아니다. 씻기고 입히고 식사를 돕고 화장실 출입을 돕고 침대를 갈아주고 그 이외의 수도 없이 많은 일들, 거기에 안전사고까지 신경을 쓰다보면 환자들의 마음을 헤아려 살펴줄 시간이 없다. 과로에서 오는 짜증, 무제한 참을성을 요하는 환자들과의 관계에서 오는 스트레스, 가족들의 부당한 요구, 책임간호사와 우리들과의 긴장관계, 제대로 일할 수 없는 노동조건, 이런 등등의 이유로 환자들의 마음과 정신까지 신경 쓸 여유가 없다.

일반병원은 환자가 일단 입원되면 죽어서 나가는 것보다 필요한 치료 후에 내보내는 데 주로 관심을 둔다. 그러나 너싱 홈 환자들은 살아서 나가는 일이란 거의 없다. 소망이 없는 곳, 내일이 없는 곳, 죽음을 늘 의식하며 살아야 하는 곳, 무관심의 뒤안길에서 가족들로부터 버림받았다는 억울함 속에서 자기 동족도 아닌 이민자의 간병을 받으며 마지막 길을 가고 있는 이들, 그렇게도 자존심이 강한 앵글로 색슨들의 후예가 늙고 병들었다는 이유 때문에 교양 없고 거치른 흑인 HCA들로부터 때로는 수모를 당하고 어린애 취급당하다 못해 '나도 인간이다'라며 절규할 수밖에 없는 극한상황으로 끝없이 이어지는 비참한 이야기 속의 주인공이 되고 있다.

나는 흑인 보조간호사들에 대한 이야기를 많이 했다. 본래부터 이들에 대한 편견을 가진 것은 아니다. 또 모든 흑인들이 다 그렇다는 것도 아니다. 설사 내가 인종차별법에 걸려 고발당할지도 모르나 불행하게도 내가 경험한 수많은 흑인들이 나로 하여금 이런 결론을 내리게 만들었다. 인종전시장과 같은 토론토 시내의 50여 곳 요양원에서 일하는 보조간호사들이 흑인들로 그 대중을 이루고 있다는 데 심각성은 더욱 크다.

캐나다에서 가장 인구밀도가 높고 부유한 온타리오 주 314개의 요양원 중 90%가 사설 너싱 홈이라 했다. 이 병원들은 영리를 목적으로 하며 따라서 최소한의 서비스를 해주고 최대한의 이익을 남기는 데 더 관심이 있다. 상황이 이렇게 되면서 관심 있는 정치인들, 가족들 및 사회각층으로부터 비판의 소리가 높아지기 시작하였으며

80년대에 들어서며 각 매스컴을 통하여 '요양원의 영혼들'에 대한 관심이 점차 커지게 되었다. 계속해 조사하고 감시하고 연구하고 그 결과를 폭로하는 기사들이 지속적으로 일반에게 알려졌다. 그리하여 급기야는 1987년 요양원(Long Term Care Facility) 거주자들을 위한 '기본 권리선언'이 선포되었다. 19개 조항으로 된 선언문의 내용은 다음과 같다.

1. 친절과 존중을 받으며 거주자의 긍지와 개성을 인정받으며 정신적 육체적 괴롭힘을 당하지 않을 권리가 있다.
2. 적절한 의·식·주를 공급받으며 또한 자신의 필요에 맞게 적절한 몸치장과 보살핌을 받을 권리가 있다.
3. 요양원 거주자를 직접 책임지고 보살펴주는 사람이 누구인지를 알 권리가 있다.
4. 치료의 비밀이 보장될 권리, 그리고 자신의 필요에 대한 보살핌을 은밀히 받을 권리가 있다.
5. 자신의 방을 가질 권리가 있으며 안전 규정과 다른 거주자의 권리에 위배되지 않게 자신의 소지품이나 사진 그리고 집기를 배치 또는 전시할 권리가 있다.
6. (가). 자신의 건강 상태, 치료, 그리고 예정된 치료과정에 대한 보고를 받을 권리가 있다.

   (나). 법에 따라 투약을 포함한 특정한 치료를 승낙하거나 또한 거부할 권리가 있으며, 또한 치료를 승낙 또는 거부함으로서 초래되는 결과를 알 권리가 있다.

   (다). 자신의 보살핌에 관한 여하한 내용에 관련된 결정을 내리거나 또는 개인의 의료적인 의견을 얻어내는 데 충분

히 참여할 기회를 가질 권리가 있으며, 그 중에는 요양원의 입·퇴원 또는 다른 요양원으로 이동시키는 것에 관한 결정에 참여할 기회를 가질 권리를 포함한다.

(라). 법에 따라 자신의 의료기록에 대한 비밀을 보장받을 권리가 있다.

7. 자신의 필요에 맞게 남의 도움 없이 움직일 수 있도록 재활훈련 및 도움을 받을 권리가 있다.

8. 어떤 거주자이든 근신처분의 대상으로 고려되고 있는 사람은 근신 처분을 받거나 거절하는 데 관한 절차와 그 결과에 대해 충분한 설명을 받을 권리가 있다.

9. 의사소통의 비밀을 보장받을 권리 그리고 자신의 선택에 의하여 방문객을 접수할 권리와 간섭 없이 어떤 사람으로부터도 은밀히 자문을 받을 권리가 있다.

10. 죽음이 임박했을 경우 자신의 가족을 밤낮 없이 자기 옆에 둘 권리가 있다.

11. 거주자의 이전 또는 위급통보 받을 사람을 지정할 권리가 있으며 또한 그렇게 지정받은 사람으로 하여금 그러한 내용을 통보받게 할 권리가 있다.

12. 시민으로서의 권리를 행사할 수 있으며 또한 자기 자신을 위해 그리고 다른 사람을 대신해서 거주자 협의회에 관심사를 제의하고 또 시책이나 서비스의 변경을 추천할 수 있으며 요양원직원, 정부관리 또는 요양원 내·외부 사람에게 관심사 또는 시책 서비스 변경을 제의 추천할 수 있으며 그러함에 있어서 억제, 간섭, 강제, 차별 또는 보복을 받음 없이 제의 추천할 수 있다.

13. 서로 친분 관계를 맺고 서로를 즐기며 거주자 협의회에 참석할 권리가 있다.

14. 사생활이 보장되는 방에서 자신의 배우자와 만날 권리가 있으며 부부 쌍방이 같은 요양원에 거주할 경우에는 적절한 방이 있는 한 쌍방의 소원에 따라 한방을 같이 사용할 권리가 있다.

15. 자신의 잠재력을 개발하기 위하여 사회, 문화, 종교 및 기타 분야에 대한 관심사를 추구할 권리가 있으며 또 이러한 관심사 추구를 수용할 수 있도록 요양원으로부터 적절한 제반협조를 받을 권리가 있다.

16. 요양원 운영에 영향을 미치는 여하한 법이나 규칙시책에 관하여 서면으로 통보받을 권리가 있으며 불만을 요청하는 절차에 서면으로 통보받을 권리가 있다.

17. 환자 자신이 자신의 재정문제를 스스로 처리할 능력이 있는 경우엔 자신이 처리할 권리가 있으며 거주자의 재정문제가 요양원에 의하여 처리되는 경우에는 그 거주자를 대신해서 이루어진 재정거래에 관해 매 4분기마다 보고받을 권리가 있으며 그러한 거주자의 자산이 그 거주자의 이익만을 위하여 운용되도록 보장받을 권리가 있다.

18. 안전하고 청결한 환경에서 살 권리가 있다.

19. 외적환경이 이를 불가능하게 하지 않는 한 옥외활동을 즐기기 위하여 요양원 밖의 보호구역에 나갈 권리가 있다.

이 법안이 통과되자 정부에서는 사설요양원의 보조금을 증가하여 예산 때문에 환자들의 대우가 소홀히 될 수 있다는 핑계를 막으려 했고 해당 관계기관에서는 더욱 철저히 요양원 감독에 나섰다. CPL요양원도 이에 부응하여 시설의 개선, 간호사들과 직원들의 대우 문제, 그리고 공급품에 더욱 신경을 쓰기 시작했다. 인컨티켄트(Incontinent) 환자용 medi-pant와 기저귀도 보급되었다.

그러나 이 개선은 일 년에 몇 차례씩 하는 보건성 검사에 합격하기 위함이었으며, 일급요양원이라는 크레딧을 받기 위하여 이때가 올 때쯤이면 원내는 초비상이 걸린다. 평소에 무시되고 소외되었던 것들이 갑자기 관심의 대상이 되어 모든 간호사를 비롯하여 직원들은 감사가 끝날 때까지 더욱더 열심히 일해야 하고 더 많은 스트레스를 받게 된다. (1989년)

5. 어느 날 요양원의 하루

간밤에 늦게까지 책을 읽다가 잠을 설쳤다. 그러나 출근시간이 가까워 오니 또 점심을 챙겨들고 나가야겠다. CPL에 들어서면서 오늘 하루도 인내와 친절과 온유로 나의 환자들을 돌볼 수 있게 해달라고, 그들의 영혼을 도둑질해 가는 공범자가 되지 않도록 나를 지켜주시고 별 사고가 없는 하루가 되기를 기도한다.

컨퍼런스 룸에는 이미 리포트를 기다리고 있는 동료들로 가득하다. 97명의 환자들을 위한 아침식사는 하나하나 쟁반에 담겨져 네 개의 이동식 칸막이에 차곡차곡 쌓여져 올라와 있다. 책임간호사의 리포트가 시작된다.

"미시즈 워터, 지난 저녁에 몹시 흥분하여 안절부절 했다. 헬더(신경안정제)를 복용시키다.

미스터 멕케입, 병동 밖으로 나가려는 그를 제지하는 간호사를 때리고 소리질러 안정시키기까지 상당 시간 걸리다. 역시 헬더를 투약하다.

미시즈 멕키니스, 허리의 통증을 호소하다. 타이널드 넘버 투(진통제)를 먹이다.

미시즈 니콜라스, 토론토 제너럴 병원 아침 9시 30분 약속이 되어 있다. 앰뷸런스로 가게 됨.

미스터 컬, 밤사이 복도를 서성거리고 방마다 다니며 환자들을 방해하다가 새벽 4시 경 겨우 잠이 들다.

미시즈 마가렛, 밤 10시 경 침대에서 떨어졌으나 다행히 다친 곳은 없었음. 미시즈 언더우드, 화장실에서 넘어져 머리에서 출혈이 심하였다. 곧 이토비코크 병원으로 이송, 두뇌손상 여부를 진찰중임.

미시즈 에드워드, 스미스, 윌슨, 변비가 심함 변비약을 투여하다…."

지난 저녁과 밤사이 특기할 환자들의 상황을 알려주는 리포트는 10분 이상 계속되었다. 잠시 하루 일과를 의논한 후 전원 출근인 것을 재확인한 다음 우리 모두는 맡은 병실을 향해 흩어졌다. 나는 곧 내게 맡겨진 환자들 방에 들어갔다. 내 몸의 두 배는 더 될 듯한 윌슨 할머니를 휠체어에 앉히는 것으로 환자와의 하루는 시작된다. 대변으로 범벅이다. 그러나 식사가 기다리고 있으니 우선 일으켜 앉혀야겠다. 다음은 옆 침대의 88세난 막클라칸 할머니의 차례다. 일어나기 싫어해 아침마다 애먹이는 노인이다. 그대로 누워있는 자세로는 식사를 못하니 휠체어에 앉힐 수밖에 없다. 늑대, 깜둥이는 가라고 소리를 지른다. 다른 날과 마찬가지로 침대가 흠뻑 젖어 있다. 스타킹을 찾아 신기는데 발길로 냅다 찬다. 일으킬 때는 한쪽 손목을 꼭 붙잡아야 한다. 언제 내 팔뚝을 할퀼지 모르기 때문이다. 한쪽 몸을 전혀 못 쓰는 이 노인에게는 신경질밖에 남은 것이 없다. 어쨌거나 달랠 시간이 없다. 재빠르게 의자에 앉히는 데 성공이다. 한편 식사를 나르며 방과 방, 침대와 침대 사이를 부지런히 다닌다. 할 수 있는 한 따뜻한 식사를 하게 하는 것도 중요하나 제한된 시간에 식사를 마치도록 해야 하기 때문이다.

에드워드 할머니는 잠에 취하여 식사를 못한다. 수면제가 과했는지 모른다. 95세의 이 노인은 정신이 들면 농담도 잘 하고 옛날 경험담과 간밤에 일어난 일들을 재미있게 들려주기를 좋아한다. 어떻게 오늘도 오줌을 쌌느냐고 물으면 밤에 간호사가 무서워서 화장실에 데려다 달란 말을 못해 그랬다고 변명하기 일쑤다. 이 노인의 식사를 돕고 니콜라스 할머니에게로 갔다. 이 할머니는 또 입을 꼭 다문 채 식사를 받아먹지 않는다. 간신히 죽 한 그릇 먹이는 데 성공이다.

96세의 부릿지 할머니는 작은 키에 귀엽다. "굿모닝! 오늘은 기분이 어때요?"하고 물으니 외롭다고 한다. 이마에 키스를 해주고 한번 꼭 껴안아 주었다. 만족해하며 빙그레 웃는다. 언제 침대에서 떨어질지 모르니 안전벨트를 점검하고 식사를 도왔다.

339호실 앞을 지나다 보니 입원한 지 10여 일밖에 안 되는 깁슨 할머니가 바닥에 넘어져 있다. 급히 수간호사를 부르고 네 명이서 조심스럽게 침대에 눕혔다. 제대로 걷지도 못하는 이 노인이 혼자 화장실에 가려다 넘어진 것이다. 수간호원은 서둘러 몹시 아파하는 이 노인을 병원에 이송시킬 절차를 밟았다.

7시 50분부터 시작되는 아침 식사는 8시 30분이면 끝난다.

빈 쟁반들을 모아 부엌으로 보내고 배당된 린넨과 타월을 챙겨들고 씻기고 옷을 갈아입히는 것부터 시작한다. 오늘도 네 개의 목욕 수건과 세 개의 세수수건, 너덧 개의 헝겊으로 된 기저귀, 그리고 침대를 갈아끼우기 위한 시트가 배당되었다. 12명의 환자를 위하여 세 개의 세수수건은 너무하다. 이 부족한 린넨 문제는 어제 오늘의 문제가 아니다. 가장 고급스런 요양원이라고 부르는 CPL이 이럴 바에야 다른 곳은 짐작하고도 남음이 있다.

에드워드, 막클라칸 할머니를 씻기고 기저귀를 채워서 크레버 할머니와 함께 미장원에 보내곤 니콜라스 할머니에게로 갔다 병원에 갈 준비를 시켜야겠기에 마음이 바쁘다. 약 4주 전 마태후 할머니가 이 노인을 떠밀어 다리가 부러졌다. 수술하고 퇴원한 지 2주일쯤 된다. 치매증은 더 심해졌고 한발도 내딛지 못한다. 스스로 먹는 것조차 잊어버려 일일이 먹여주어야 하며 수술한 다리는 건드리기만 해도 비명이다. 겨우 씻기고 옷 입히고 나니 책임간호사가 부른다. 회진의사와 이 노인의 딸이 그간의 상태를 알고싶다며 이야기해 달란다.

1년도 채우지 못하고 그만둔 S간호사의 뒤를 이어 새로 부임해 온 지 얼마 안 되는 T책임간호사는 우리에게 의존할 수밖에 없다.

"물리치료사의 지시에 따라 침대에서 일으키기 전에 다리운동을 시키고 있으며, 식사도 먹여주어야 하며, 정규식사 이외에는 영양 주스를 간식으로 주며, 수술한 다리의 통증 때문에 매우 고통스러워한다."고 말해 주었다. 딸은 울며 의사에게 어떻게 했으면 좋으냐고 매달린다. 어쨌거나 나는 이들과 더 머물 시간이 없다. 환자 하나를 더 보고나니 10시, 나의 오전 휴식시간이 돌아왔다. 아침 일찍 집에서 나오느라 겨우 커피 한 잔과 토스트로 아침을 때우고 나온 나이기에 이 휴식시간을 갖지 않고는 점심까지 일을 계속할 수가 없다. 그러나 이 시간을 뒤로 미룰 수밖에 없는 일이 생겼다. 미용사가 에드워드 할머니를 데리고 왔기 때문이다. 이 할머니는 연상 "미시즈 정, 비엠 비엠"(Bowel Movement 대변의 약자)하며 나를 찾는다. 화장실에 데리고 갈 수밖에 없다. 기저귀를 갈아주고 겨우 휴게실로 돌아와 한숨을 돌렸다. 먼저와 쉬고 있던 미시는 나에게 비스킷과 사과 한 알을 준다. 15분간의 휴식은 온갖 잡담으로 긴장을 풀고 간식을 들며 기분을 전환하기에 족하다. 10시 30분, 다시 병실로 돌아와 윌슨 할머니를 목욕시키고 에드워드 할머니의 방을 지나려니 냄새가 코를 찌른다. 점심식사가 올라오기까지 30분밖에 남지 않았을 뿐 아니라 윌슨 할머니를 목욕시키고 기운이 다 빠졌는데 이 노인이 일을 또 저질러 놓았다. 목욕시키고 또 옷을 갈아입히지 않을 수가 없다. 4, 5일간 대변을 못 봐 변비약을 먹고 한꺼번에 쏟아놓는 것이니 귀찮고 더럽다기보다 측은하고 다행한 생각이 들었다. 사실 노인들에게서 변비는 제일 두통거리다. 대소변을 못 가리는 이들이지만 정한 시간에 충분한 시간을 주어 화장실을 쓸 수 있도록 도와주면 어느 정도의 화장실 훈련은 가능하다. 치매증이 심한 환자들이나 기억력이 전혀 없는 노인들로부터 대변 여부를 확인한다는 것은 거의 불가능하다. 다만 이들의 행동을 통해서, 식사하는 모습을 보고 평상시보다 다른 행동에 이상을 보이면 항문검사를 우선 해본다. 책임간호사는 의사의 지시에 따라 관장도 해주고 변비약도 투약하고 때로는 인위적으로 후벼내기도 한다.

11시 30분, 점심 식사가 올라 왔다. 나와 올리브는 세 개의 큰 식탁이 놓인 간호원실 주변 라운지에 네 사람씩 그룹을 지어 식사할 준비를 시키고 식당에 내려가 식사할 노인들은 1층 식당으로 데려갔다. 자기 테이블을 찾지 못하여 서성거리는 노인들을 도와준 후 병동으로 다시 돌아와 앞 못 보는 환자에게, 손을 제대로 못 움직이는 환자에게 일일이 먹여주고 식사하는 것을 도와준다. 오늘도 올리브나 나나 각각 세 사람의 환자를 먹여주어야 하니 차근하게 환자 곁에 앉아 시중들어 줄 수가 없다.

부츠 할아버지는 식사하는 것도 잊고 껑충껑충 뛰어다닌다. 간신히 의자에 앉혀 점심을 먹였다.

환자들의 점심시간이 끝나면 12시 30분부터 1시까지는 나의 점심시간이다.

마음이 통하는 쥰과 에블린, 그리고 미시도 함께 날씨가 화창한 뒤뜰 아름다운 자연 속에서 30분을 보낼 수 있다는 것은 하루일과 중 확실히 즐거운 일이다. 이 짧은 시간이나마 병동에서 일어난 일들을 잊을 수 있고 때로는 못된 책임간호사나 동료들에 대한 화풀이도 이 시간에 털어버리고 너싱 홈 시스템을 비판하기도 하며 우리들만의 언어로 즐거운 농담을 하기도 한다.

한 시가 되자 병동으로 다시 돌아와 오전에 미처 끝내지 못한 일을 하느라 바삐 돌아간다. 캠블 할머니가 몹시 초조하고 불안한 모습으로 이곳저곳을 기웃거리다 직원들의 출퇴근 카드를 비치해 놓은 작은 방으로 들어가는 것을 먼발치에서 보았다. 나는 곧 뒤따라가 물어본다.

"미시즈 캠블, 거기서 무엇하고 있어요?"

"당신이 여기 있으니 정말 반가와요."

"그래 무슨 일이 생겼어요…?" 하다가 내 눈은 둥그레졌다. 팬티는 벗어진 채 그의 손에는 커다란 고구마 크기의 대변 덩어리가 들려 있지 않은가.

"아니, 이게 웬 일이예요, 미시즈 캠블?"

"지, 나 지금 마악 애기를 낳았어. 이것 봐." 아주 자랑스럽게 보여준다.

"와, 당신 정말 수고했군요."

나는 캠블 할머니를 조심스럽게 목욕실로 데리고 갔다. 알츠하이머에 걸린 이 노인은 마음이 여려 자칫 거칠게 해주면 울고 작은 일에도 화를 잘 내지만 갑자기 두려운 생각이 나면 내 가슴에 얼굴을 파묻곤 한다. 이런 무질서한 희로애락의 표현으로 몹시 신경이 쓰이는 환자 중의 하나다. 목욕시킨 후 피곤해 보이는 그를 침대에 눕히고 다독거려 주니 나를 좋아한다며 볼에 키스를 해준다.

겨우 한숨을 돌리려는데 동쪽 끝 병동 342호실에서 비명소리가 들린다. 누가 또 넘어졌나? 가슴부터 철렁한다. 미시가 나를 부른다. 원 세상에! 참 희한한 광경이 벌어지고 있다. 점심시간에도 애를 먹였던 키가 장대같이 큰 부츠 할아버지가 어느 사이에 아랫도리를 홀랑 벗고 러닝셔츠 바람으로 할머니 환자들이 있는 방에 들어와 침대와 침대 사이를 껑충껑충 뛰어 다니고 있지 않은가. 우리는 그를 간신히 붙들어 안전 재킷을 입혀 의자에 앉혀 놓았다.

오후 티를 서브할 시간이다. 한 사람마다 기호에 맞게 커피, 티, 주스 등을 주고는 나도 앉아 커피 한 잔 마실 여유가 생긴다. 가족들과 한담도 나누고 깨끗이 빨아진 옷을 방마다 챙겨 넣어주고 병가 록에 하루일과를 표기하고 나면 오후 3시 30분, 근무교대 시간이 돌아온다. 최선을 다한 하루라 생각할 땐 보람과 기쁜 마음으로 CPL 문을 나서게 된다. (1983년)

6. 오! 나는 어디에 있습니까?

나는 길 한복판에 서서 어쩔 줄을 모릅니다.
오가는 차들은 빵! 빵! 경적을 눌러댑니다.
나는, 요양원 밖에만 나오면 자유를 마음껏 누릴 줄 믿었습니다.

출구 근처만 가도 붙잡아 당기는 간호원의 제지가 싫어서, 미친 놈 취급하는 주위의 눈초리가 싫어서,
나는 몰래몰래 요양원 속을 빠져나왔습니다.

아내가 있고 손자들이 있는 집이 그리워서
낯익은 얼굴들이 너무 보고 싶어서
나는 몰래몰래 요양원 속을 빠져 나왔습니다.

그런데 나는 지금 어디에 서 있습니까?
의지 감각, 방향 감각을 잃어버린 나에게
갈 곳은 없습니다.

내 아내는 며칠 후 데리러 온다며
두 볼에 키스를 해주곤 가버렸습니다.
내 아들은 머리가 혼미하여 어쩌다 횡설수설하던 나를
망령이 들었다며
연상 침을 뱉어내는 '횟착'
괴성을 질러대는 '웨스트 홈'
소변을 아무데나 찍찍 갈기는 '머펱'
이들 틈에다 나를 버리고 없어졌습니다.

암만 해도 무섭기만 합니다.
요괴들이 우굴거리는 무덤 속에 갇혀 있는 것만 같습니다.
이것이 싫어서 싫어서
나는, 몰래 몰래 요양원 속을 빠져나왔습니다.
건너 편 도넛 샵이 보입니다.

넥타이까지 맨 나를
빵집 주인은 정중하게 대해 줍니다.
커피와 도넛을 시켰습니다.
참으로 오랜만에 나는 나를 찾았습니다.

간호원이 잡으러 왔습니다.
순경 아저씨보다 더 무섭게 보입니다.
어쩔 수 없이 나는
요양원 속으로 다시 끌려들어 왔습니다.
아! 내가 왜 이 곳에 있어야 합니까.

(클레이튼 할아버지를 생각하며)

1980년 4월 클레이튼 할아버지가 아내와 아들의 손에 이끌려 3층 병동 네 개의 침대가 있는 310호실에 입원되었다. 참 잘 생겼을 뿐 아니라 인자스러움이 넘쳐흐르는 전형적인 서양노인이다. 여든세 살이라 하지만 생체연령은 70대 초반으로밖에 안 보이는 건강한 모습이었다. 역시 노인성 치매증의 희생자이다.

그런데 입원한 지 일 주일밖에 안 된 어느 날 이 노인이 병동에서 없어졌다.

그는 나에게 책임지워진 환자이다. 동료간호사와 나는 온 빌딩을 뒤져보았으나 보이지 않았다. 주차장을 뒤져보고 인근 가게와 음식점을 기웃거려 보았지만 여전히 안 보인다. 결국 우리는 도넛 샵에서 커피를 마시고 있는 이 노인을 발견하였다.

무사한 것에 우선 안도의 숨을 내쉬고 다시는 돌아가지 않겠다는 노인을 달래어 간신히 데리고 돌아왔다. 이 때부터 노인에 대한 감시는 더욱 심해졌다.

엘리베이터를 타고 기회만 있으면 밖으로 나가려는 그를 24시간 지켜보기란 거의 불가능하였으나 우리 모두는 그의 활동 범위를 병동 안에서만 가능하도록 계속적인 감시를 해야만 했다. 이 노인이 입원하던 첫 날, 그가 아내와 아들에게 애원하던 그 모습을 잊을 수 없다. “도대체 내가 무엇을 잘못했기에 요양원에 감금되어야 하느냐? 제발 집으로 다시 데리고 가다오. 이곳엔 죽어도 있지 않겠다”고 말하는 그의 얼굴엔 두려움과 배신감이 교차되는 듯 싶었다.

이러한 그를 나는 특별한 관심을 가지고 돌보기 시작하였던 것이다.

허나 중과부적이었던가! 5일간의 비번이 끝난 후 다시 출근하여 그를 보니 완전히 딴 사람이 되어 있었다. 당당했던 그 패기와 잘 생기고 깨끗했던 이 노인의 말쑥함은 어디로 가고 의자에 붙들어 매어있는 채 몸도 제대로 가누지 못하고 있다.

신경안정제 복용이 과다했나 보다. 결국 입원된 지 몇 개월도 안 되어 그는 세상을 떠나고 말았다. 깨지고 부서진 그의 영혼은 집중보호소에 갇혀 있을 수만은 없었겠지.. (1981년)

7. 고마운 사람

1975년 10월 어느 날 오후, 아직 윌리엄 모르건 CPL에서 일하고 있을 때였다. 환자들에게 줄 간식이 담겨진 카트를 밀고 간호원 데스크 곁을 지나려는데 낯선 간호사 한 사람이 책상 위의 잡지를 뒤적이며 앉아 있다.

"처음 뵙겠는데요. 차 한 잔 드시겠어요?" 나는 누구에게나 하듯 그에게도 한 잔의 차를 권했다.

"네, 감사합니다. 그러지 않아도 정신없이 아래 위층으로 다니며 땀을 많이 뺐습니다. 시원한 것으로 한잔 주시겠습니까? 참, 인사가 늦었군요. 제 이름은 미시라고 합니다. 전 며칠 전에 일을 시작했습니다. 오전 10시부터 6시까지가 내 근무시간입니다. 4, 5, 6층 병동의 환자들을 돌보고 있습니다. 그런데 당신의 이름은?"

"제 이름은 헤기라고 해요. 참 잘 되었군요. 이제 난 605호실 환자 때문에 걱정하지 않아도 되겠네요."

이 말을 뒤로 하고 나는 계속하여 환자들의 취향에 맞게 다과를 대접했다.

이날 이후 미시는 그의 휴식시간을 6층의 병동에서 보내는 시간이 많아졌다.

나는 비교적 말이 없는 편이었다. 할 말도 별로 없을 뿐 아니라 자신 없는 영어로 내 자존심을 구기고 싶지 않아 입을 여는 회수를 줄였다함이 더 솔직한 지 모른다. 쉬는 시간엔 한 권의 책이 훨씬 좋은 친구였다. 읽기 쉬운 영어책은 빨간 줄로 가득 채워지기 보통이었다.

유럽 태생인 미시는 66년에 캐나다로 이민을 왔다고 했다. 경제학이 자기 전공이나 언어학에 더욱 관심이 많고 음악과 미술이 자기 취미라며 퍽은 지성적인 분위기가 마음에 들었다. 엄연히 나도 대학을 졸업했고 내 전공이 있었고 이민 오기 전에는 오랫동안 교단에 서서 가르쳤던 나의 자존심이 영어 앞에서는 왕창 무너지는 경험을 수도 없이 하고 있던 차였다. 미시는 누구보다 나의 이 아픈 곳을 잘 이해해 주었고 내 자존심이 상하지 않는 범위 내에서 무슨 사명이나 띤 사람처럼 나를 도와주었다.

알비온 로드에 새로운 건물이 생기면 환자와 스태프들의 대이동이 있을 것이란 말이 내가 CPL에 취직된 지 2년 후부터 있었다. 직장 가까이 온타리오 사이언스 근처 아파트에서 살고 있던 우리 가족은 남편의 배려로 77년 봄에 새 직장 근처의 자그마한 타운하우스를 사가지고 이사를 했다. 그래서 나는 제1진으로 새 건물 3층에서 일을 시작하였고, 미시는 제2진으로 모든 내부시설이 완성된 후인 6월에 남은 환자들과 같이 전임되어 왔다.

미시는 나에게 계속 공부하도록 격려해 주고 도와주었다. 때로는 책을 사다주기도 하고 때로는 요양원 기사들이 실려 있는 신문과 잡지들을 모아 스크랩해 주기도 했다. 정성스런 우정이 고맙기만 했다.

하루는 캐나다의 유명한 여류 작가 마가렛 로렌스가 쓴 소설 『Stone Angel』을 손에 쥐어 준다. 일주일 동안 말미를 줄 터이니 다 읽고 줄거리를 이야기해 달란다. 어려운 단어들을 많이 사용한 것은 아닌데 문학적인 표현들 때문이랄까, 많은 부분에서 그 뜻을 이해못할 것들이 계속 튀어나왔다. 모르는 부분은 줄을 그어가며 스토리를 따라 읽어 내려가는 도리밖에 없다. 말미를 준 일주일이 지났다. 퇴근 후 우리는 CPL에서 가까운 공원으로 갔다. 깨끗이 깔려진 잔디에 햇살이 곱게 오후의 나뭇잎들을 다사롭게 비추어주고 있다. 우리의 발걸음 곁으로 다람쥐들이 코를 벌름거리며 지나간다.

잔잔한 평화가 온 천지를 감싸고 있는 듯싶다. 풀섶에

앉은 우리, 몇 해 동안 함께 일해 오면서 어려울 때 늘 뒤에서 도와주고 그림자처럼 그는 나를 보호해 주었다.

"혜기, 그 책 다 읽었어?"

"네, 읽긴 다 읽었어요. 그러나 좀 어렵더군요."

"어디 한번 이야기 줄거리를 말해 주지 않겠어."

부끄럽고 멋쩍었지만 내 실력을 뻔히 알고 있는 그에게 숨길 것도 없다.

"90이 넘은 주인공 '하가 쉬플리(Hagar Shipley)'가 어쩌다 자기를 요양원에 보낼 수밖에 없다는 아들 내외의 말을 엿듣고 죽어도 요양원에 가지 않겠다는 결심을 하고 목숨을 내건 싸움이 처절하더군요. 하가는 아주 고집이 세고 자존심이 강하며 자기가 살고 싶은 대로 살다가 죽겠다는 거예요. 자유를 누리고 싶다는 욕망과 자기 품위를 지키며 자기 의지에 의하여 죽음을 준비하겠다며 집에서 도망나와 여기저기를 찾아다닙니다. 마지막엔 어느 할아버지의 도움을 받으며 함께 살다가 끝내 요양원 가는 길을 외면하고 병원에 실려가 그 최후를 맞게 됩니다. 이 노인의 세계와 심리를 아주 깊이 그리고 넓이 있게 다루었더군요."

"혜기는 언젠가 나에게 그랬지. 우리 모두는 노인들의 영혼을 도둑질하는 공범자들이라고. 작가는 하가란 주인공을 통하여 한 인간이 그 영혼을 도둑맞지 않고 지키겠다는 그 심층세계를 그려주고 있잖아?"

"나는요, CPL에서 일하면서 참으로 마음 아픈 것은 우리 모두가 노인 환자들에게서 참 인간됨을 거부하는 것입니다. 너싱 홈 속으로 들어오자마자 요양원 성격에 맞는 인간으로 빨리 변하고 적응하는 환자를 환영하고 있어요. 자기의 개성을 드러내고 권리를 찾고 부당한 대우에 항의하면 문제 환자로 점찍음을 받게 되지 않던가요? 그러나 이 문제 환자들 때문에 요양원은 그나마 생명력을 가지고 오늘도 살아 움직이는 것이 아니겠어요? 어떻게 생각하시나요?"

"혜기 말이 옳아, 내가 70년 초 W병원에서 일할 때였어. 나와 함께 일하던 간호사 하나가 환자에게 너무 했었지. 인간 이하의 취급을 하는 것을 보고 분개했었어. 나는 다분히 이상주의자에 조금은 휴머니스틱한 데가 있거든. 그래서 충고했지. 그런데 그것이 발단이 되어 크게 다투게 되었어. 캐나다에 와서 첫 번째 환멸을 느끼게 했던 사건이었지."

우리의 이야기는 끝이 없었지만 서로 생각을 나누는 보람된 시간이었다.

남자 환자들에게 쏟는 미시의 정성은 가족들을 안심시키고 환자들과도 깊은 정을 주고받는 모습을 늘 볼 수 있었다. 더욱이 309호실의 윌슨 씨에 대한 간호는 마치 아들이 아버지를 돌보는 모습 그대로였다. 그는 CPL에 입원된 지 8년 가까이 된다. 이제는 엉덩이에 욕창이 생겨 손가락 깊이만큼 살이 썩어 들어가고 있다.

3층 병동 20여 명의 남자 환자들을 미시 혼자서는 다 돌볼 수가 없다. 때로는 나에게도 남자 환자를 돌보아야 하는 영역 속으로 들어갈 때가 있다. 그럴 때는 많은 경우 그와 나란히 일을 하게도 된다.

친구가 되어 주었던 미시와 에블린 그들이 있었기 때문에 야간근무로 전임하기까지 10년 동안 나는 그 힘든 일들을 어려운 줄 모르고 해낼 수 있었다. 이들이 내 곁을 떠난 지도 10년이 넘었다. 이후 미시는 좋은 반려자를 만나 행복하게 살고 있다는 소식이다.

8. 월터와 릴리안의 결혼

며칠 동안 계속된 심한 설사병은 월터의 몸을 아주 못쓰게 만들었다.

살갗은 거칠어졌고 입은 바싹 말라 탈수현상이 심각하다. 내가 할 수 있는 일이란 애정어린 보살핌(Tender Loving Care)밖에는 할 일이 없다. 사경에서 헤매기를 수없이 되풀이하고 있다. 7년 동안 CPL 너싱 홈 입원생활의 종지부를 찍을 날도 시간문제로 남아 있다. 월터가 운명하기 전날 오전, 나는 쟁반에 사과 주스와 젤로를 받쳐 들고 월터의 방에 들어서면서 조용조용히 '영광 영광 할렐루야…'를 콧노래로 흥얼거렸다.

갑자기 월터의 두 손이 공중을 향해 들려졌다. 아침에 그의 몸을 씻어줄 때만 했어도 인사불성인 그였다. 그런데 그가 눈을 뜨고 나를 보며 찬송에 맞추어 지휘를 하고 있지 않은가. 기적같은 사실이 눈앞에서 일어나고 있다.

나는 그의 병상 옆에 앉아 그의 눈을 들여다보며 이 찬송을 모두 끝냈다. 월터의 얼굴이 지극히 평화스럽다. "우리 주님이 당신의 영혼을 받아주실 것입니다." 월터는 고개를 끄덕인다. 그리고는 다시 깊은 잠속으로 빠져들어 갔다. 이것이 나와는 마지막 순간이 되었다.

월터가 CPL에 입원되었을 때 그의 나이는 90세였다. 50년 가까이 그는 '월터 심포니 오케스트라'의 상임지휘자로 있었다. 입원 후에도 하반신 장애를 입은 월터는 휠체어에 의지할 수밖에 없었으나 매주 월요일마다 오케스트라 지휘자로 활동하였다. 이런 월터를 간호하고 있던 나도 신날 수밖에 없었다. 옷을 입혀주면서 침대를 갈아주면서 내가 어떤 찬송을 부르든 어떤 노래를 흥얼거리든 그는 화음을 멋있게 만들어 대응했다. 짧은 시간이나마 우리들은 그 시간을 즐겼다. 오후에 한가한 시간이라도 생기면 특별활동실로 내려갔다. 대개는 퇴근 직후의 시간이었다. 월터의 피아노 반주에 맞춰 우리는 찬송가를 함께 부르곤 했다. 이때 대개는 릴리안도 동행했다. 그녀 역시 휠체어 환자였다.

릴리안의 손에는 책이 떨어질 날이 없을 만큼 독서를 많이 한다. 문학을 좋아하고 음악에 취미가 깊은 릴리안은 차츰 월터를 좋아하기 시작했다.

월터와 릴리안이 데이트를 시작한 지 6개월이 지나면서 그들의 로맨스는 무르익어 CPL 개원 이래 처음 생긴 경사가 일어났다. 월터와 릴리안이 결혼하겠다는 선포였다. 92세의 월터와 71세의 릴리안은 성 패트릭 명절날인 3월 17일, S목사님의 주례 하에 결혼식을 올렸다.

이색적인 이들의 결혼은 일간신문에 아름다운 신혼부부로 소개가 되었고 이들은 떳떳하게 원내에서 부부로서 새 생활을 시작하였다.

그들의 신방은 311호실 2인용 준 특실에 차려졌다. 때로는 서로 얼싸안으려다 휠체어에서 떨어져 넘어지기도 하였다. 나란히 붙여놓은 침대에서도 기껏해야 서로 손 잡고 자는 것이 그들의 애정표시였지만 행복하게 보였다.

그러나 신부 측인 릴리안 가족은 처음부터 이 결혼을 반대하고 나섰다. 릴리안의 법적 후견인 격인 여동생은 망측한 일이라며 부끄러워했고 돈 때문에 결혼한 거라고 월터를 비난하였다. 동생의 처사에 릴리안은 화를 냈지만 동생은 월터의 몫에 해당하는 입원비 지불을 거부하고 나섰다. 연금으로 살아가는 가난했던 월터는 장가갔기 때문에 '홀아비 연금' 수혜자 권리를 빼앗겼고 일반병실보다 월등히 비싼 이인용 병실을 자기 몫으로 매달 지불할 능력이 없게 되어 본의는 아니나 아내에게 의지할 수밖에 없었다. 릴리안은 저축된 이자만 가지고도 특실을 사용할 수 있을 만큼의 재력이 있었음에도 불구하고 모든 재산 관리권이 동생한테 있었기에 반대하는 동생을 설득하고 원망해봐야 소용이 없었다. 이로 해서 이들의 법적 부부관계는 일 년도 못되어 끝이 났다. 월터는 다시 일반병실로, 릴리안은 특실로 돌아갔다. 그러나 월터를 잊지 못하고 사랑하는 릴리안은 아침마다 월터의 방을 찾아가곤 했으나 월터의 노여움은 쉽게 풀어지지 않았다.

그렇게도 낙천적이고 낭만적이었던 월터의 성격은 점점 거칠어졌고 작은 일에도 화를 내곤 했다. 그가 들고 다니는 단장은 무기가 되어 마음에 들지 않는 환자나 간호사들을 때리곤 했다. 이렇게 되면서 월터는 나에게 의지하는 농도가 짙어졌다. 내 간호 하에 있든지 아니든지 기회 있을 때마다 월터는 나를 찾았고 나는 월터를 위로해 주며 친구가 되어 주었다.

매주 화요일 오후엔 싱 얼롱 시간이었다. 자원봉사자 싱 얼롱 리더인 오드린은 캐나다 연합교회 소속 목사의 사모였다. 이 날을 우리는 늘 기다렸다. 할 수 있는 한 많은 환자들을 활동실로 데리고 갔다. 이 시간은 환자들의 영혼이 활짝 열리는 날이었다. 내가 목사의 아내란 것을 알고 있는 오드린과 우리는 친구가 되었다. 그는 기회 있을 때마다 노래를 부탁했다. '죄 짐 맡은 우리 구주…'는 나의 18번이다 환자들도 즐겁게 이 찬송을 따라 부르곤 했다. 월터는 아름다운 테너로 화음을 냈다. 월터와 눈이 마주치면 우린 서로 싱긋 웃곤 했다. '영광 영광 할렐루야…'도 함께 부르곤 했었다.

월터가 때론 환자들과 싸우고 간호사들에게 폭언과 폭력을 쓸 때는 대체로 그에게 접근하기를 꺼려했다. 이런 그를 발견할 때마다 나는 아무 소리 없이 월터에게 다가서 그의 어깨를 감싸주곤 했다. 억지를 부리고 있다고 생각되면 월터와 맞서기도 했다. 내가 어떤 말을 하든 어떤 행동으로 나무라든 나는 자기편임을 알고 있다. 7년 동안 3층 병동에서 함께 했던 시절, 월터는 나에게 있어서 친할아버지와 같았다. (1984년)

9. HCA 프로정신으로

내 직장은 나에게 있어서 미션 필드였다. 신학생 시절까지 합하면 10년도 넘게 수유리 한국신학대학 캠퍼스에서 살았다. 막연했던 삶의 가치관이 구체적으로 내 삶을 지배하기 시작했다. 교회의 목회만이 목회가 아니라는 것. 자기 일터가 곧 목회현장이요, 선교현장(mission field)라는 것. 이래서 그랬는지 난 목사안수를 받으려는 생각은 한 번도 해본 일이 없었다. 문동환 박사 문하생으로 보냈던 기독교 교육 연구원 시절부터 나는 교육자로 살아가고 싶었다.

그래서 나는 학교 선생이 되었고 계속 배우고 싶다는 의지는 그때나 지금이나 늘 같았다. 막상 CPL에 취직이 되어 환자들을 돌보기 시작하면서 가르치는 것보다 간호사 일이 내 적성에 더 어울렸다. 메디컬 너싱 스태프가 되려면 간호학교에서 제대로 공부하지 않으면 안 되었다. 그러나 나는 너싱 스쿨을 가는 대신 풀타임 간호보조사로 일하면서 연장교육 코스를 택하기로 결심했다. 조지 브라운 컬러지에서 건강관리보조(Health Care Aide) 과정은 적어도 간호보조사로 일하는 필수적인 훈련과정이었다.

40에 들어서면서 인간관계 훈련 코스를 끝내고 토론토 서니브룩 메디컬 센터에 병원 채플린(Chaplain) 코스를 택했다. 나의 모든 휴가와 쉬는 날을 투자하여 일 년 수련 과정을 마쳤다. 여섯 명의 제한된 학생으로 구성된 채플린 훈련은 상당히 집중적으로 심도 깊게 진행된 프로그램이었다. 성인이 되어 공부하게 되면 이해력이 젊은 시절보다 훨씬 빨라 재미있었다. 이 코스가 끝나자 포스트 디플로마 프로그램인 햄버 컬러지에서 일 년 과정의 위기상담(Grief Counselling & Multi Disciplinary)과정을 밟았다. 대부분의 수강생들은 사회복지사, 간호사, 장의사, 디렉터 또는 비슷한 분야에서 종사하는 사람들로 이루어졌다. 토론토 레버데일 병원에서 임상훈련까지 포함해서였다. 나는 학위를 목적으로 클래스 룸을 찾아다닌 것은 아니었다. 그냥 공부하는 것이 좋아서, 자기 성장을 위해선 이 길밖에 없다는 생각에서였다. 그러면서도 나는 내 직업을 바꾸려는 생각은 추호도 없었다. 군인 세계에서 이등병은 졸병이다. 그런 의미에서라면 내 직책은 너싱 홈

간호 팀에서 가장 말단이었다. 우리는 바로 너싱 홈의 기간요원인 것이다. 우리가 아니면 환자들이 쏟아놓는 배설물을 치워줄 사람이 없다. 환자들의 청결문제는 우리의 책임이다. 환자들을 가장 가까이에서 돌보고 있는 퍼스널 소프트 워커들이다.

프로 정신으로 일하고 싶었다. 이 마음은 충분히 자기성장 교육에 크나큰 동기유발을 일으키게 하였다.

이런 모든 과정이 끝나갈 무렵 나에게 의료통역사로 일할 수 있는 기회가 주어졌다. 그때가 1992년이었으니 너싱 홈에서 은퇴하고 난 지금도 이 일에 종사하고 있다.

준비된 일꾼은 어느 곳에서든 어떤 모양으로든 쓰이게 마련이란 상식을 늘 마음에 담아두고 있다. (2006년)

10. 야간근무

언젠가 나는 남편과 함께 '지옥이 만원이다'란 영화를 본 일이 있다. 지옥이 차고 넘쳐서 이 세상에서 살다죽은 사람들이 갈 곳이 없게 되었다. 미국의 한 도시에서 온통 지옥 속에서 있을 일들이 땅 위에서 재현된다. 인간의 본능에 의하여 무표정한 얼굴로 걸어다니는 송장들이 길거리를 누비고 다니며 산 사람들을 해치고 아비규환의 참상을 빚어내는 끔찍한 영화였다. 이 영화를 보고 난 다음 날 내 눈에 비친 환자들 때문에 퍽 당황했었다.

허옇게 바랜 헝클어진 머리, 외마디 소리를 지르며 급히 달려가는 환자들, 두서너 명씩 짝을 지어 복도를 서성거리고 있는 모습들은 영락없이 영화 속의 일부 이야기가 이곳에서 재현되고 있다는 착각을 했었다.

평소에도 내 손길이 하나하나 갔던 환자들이다. 헝클어진 머리를 빗겨주고 틀니를 닦아 입안에 넣어주고 씻겨주고 갈아입혀 주고 했던 이 사람들이 갑자기 산송장으로 보였다. 인간쓰레기 같다는 혐오감이 생겼다. 몸과 마음도 지쳐있었다. 너무도 어둡고 너무 우울하고 너무 비참한 인간의 마지막 모습이 새삼스럽게 내 속을 어지럽게 만들었다.

노인환자들만 수용하고 있는 너싱 홈에서 일해 본 사람이면 누구나 나와 비슷한 경험을 했을지 모른다. 그러나 영화에서 본 연상 작용은 잠시였고 며칠 후부터는 십몇 년을 그래 왔듯이 또 나의 환자들을 평소와 다름없이 돌봐주기 시작하였다.

CPL 너싱 홈에서 10년 동안의 낮 근무를 청산하고 개인적인 사정 때문에 1984년 'grave yard shift'란 별명이 붙은 야간근무를 자청하였다. 추운 겨울, 모두가 잠들어 있는 밤, 따뜻한 침대 속에서 기어 나와 졸린 눈을 비벼가며 길로 나선다. 밤의 찬 공기가 콧속에 매콤하게 들어오는 어두움을 헤치고 일터로 향하는 발걸음….

저녁 아홉 시가 넘어야 해가 넘어가는 북극의 나라 캐나다의 여름밤은 유난히 짧아 그나마 저녁잠을 설치기 일쑤였던 야간근무 초기 몇 개월 동안의 생활은 내가 살아있는 한 잊을 수 없는 경험 중의 하나였다. 밤 11시부터 다음날 7시까지의 야간근무는 책임간호원으로부터 낮과 저녁 시간에 환자들의 상황을 듣고 난 뒤 우리는 각자 맡은 환자들을 돌보기 시작하였다. 변기를 비워주고 젖은 침대도 갈아준다. 미처 잠자리에 들지 않은 환자들은 잠옷으로 갈아입혀 침대 속에 넣어준다. 한 명 한 명 아직도 숨이 붙어있나 확인하고 자리에 숨을 돌리려면 어느새 시간은 자정을 훨씬 넘어서 있다. 잠을 못 이루는 환자의 수가 많아지고 스스로 화장실 출입을 할 수 없는 환자가 많을수록 우리를 부르는 금속성의 '콜 벨(Call Bell)' 소리는 뇌신경을 자극시키며 몰려오는 잠과 싸우기에 안간힘을 다하는 순간을 비참하게 해준다.

비틀거리는 걸음걸이로 반은 깨어있고 반은 자고 있는 가장 기분 나쁜 정신상태. 머리는 텅 비어가고 현기증 비슷한 어지러움이 왔다. 고문 중에서도 잠 못 자게 하는 고문이 얼마나 혹독한 것인가는 상상하고도 남았다. 환자의 방에 들어가면 환자가 자고 있는 침대 곁에 눕고 싶다는 충동을 참는 것도 보통 일이 아니었다. 그러기에 앉기만 하면 졸음이 쏟아졌다. 그러면서도 화장실에 있는 비상벨이 울리거나 도와달라는 비명(?)소리가 들릴 것 같으면 후닥닥 앉아있던 자리를 박차고 소리가 나는 곳으로 급히 걸어간다. 잠결에 화장실에 가다가 미처 참다못한 환자가 흥건히 싼 오줌에 미끄러져 머리도 터지고 다리도 부러지고 허리도 다치는 끔찍한 모습이 금방 떠오르기 때문이다.

해가 떠오르는 새벽 4시부터 5시 사이의 새벽시간이 나에게는 가장 어려운 형벌의 시간이었다. 몸의 체온이 가장 낮게 내려가는 이 시간, 야속스럽게도 몸은 자꾸만 잠속으로 빠지려는데 깨어있어야 한다는 것은 고통스런 일이었다.

몇 년만하고 그만두겠다던 야간근무, 어느새 수 년을 해왔다. 목회자 아내로서 책임을 감당하기 위하여서는 때때로 주말근무를 해야 하는 나로 하여금 직장을 그만두는 대신 야간근무를 자원하였다. 야간근무 시작 처음 일 년 동안은 몸시계(body clock)를 낮에서 밤으로 바꾸는 지독한 훈련기간이었다. 그런데 희한하게도 이 기간이 지나면서 내 건강은 훨씬 좋아졌다. 백 파운드도 안 되는 초라하고 볼품없는 몸에 살이 붙기 시작했고 내 몸의 리듬과 사이클은 어떤 환경에서도 적응되어 불면증이 없어졌다. 하룻밤을 설쳐도 그 영향이 오래 가서 혼이 났는데 토막잠을 자고 일어나도 차라리 기분은 거뜬하였다. 이 수수께끼 같은 건강의 호조가 자기훈련의 결과라 할지라도 하늘의 은총이 나에게 내렸음을 서슴없이 이야기한다. 이로 해서 인생의 마지막 길을 가는 수없이 많은 환자들에게 애착을 느끼며 차라리 이 밤일을 즐기기 시작하였다. 그러나 정상적인 삶을 살아가는 가족들 틈에서 거꾸로 살아가는 생활 때문에 남편과 아이들에게 너무나 미안했다. 조심스러워 전화조차 마음대로 못하는 교우들과 친구들에게 송구스런 마음을 금할 수 없어 그래서 나는 항상 빚진 마음을 가지고 살고 있다.

야간근무에 익숙해진 지도 5년이 지났다. 마음에 여유도 생기고 평화를 누리며 환자들이 모두 잠자고 있는 시간은 읽고 쓰고 사색하는 소중한 내 정신생활의 일부로 바뀌었다. 이 글도 그러니까 야간근무 덕분에 생산된 소산이다. (1989년)

11. 고발(잠 좀 자게 놔두어요)

야간근무하는 우리에게 비상이 걸렸다. 환자들에게는 밤의 휴식이 빼앗기고 평안하게 잠잘 수 있는 권리마저 엉망이 되는 새로운 제도가 시작되었다.

1993년 10월 1일 새벽 1시 반에 회의를 소집했다. 겨우 첫 번 회진이 끝나 숨을 막 돌리려던 참이었다. 관리자 대리(acting supervisor)로 있는 미스 워드는 새로운 업무내용을 우리들에게 통보하며 당장 오늘 새벽부터 실시하란다. 이 중요한 새 업무를 사전설명이나 그렇게 할 수밖에 없다는 이유를 밝힘도 없이 임무수행을 해야 한단다.

이 새로운 임무는 2층과 3층 병동에만 적용된다고 말했다. 자기보호를 할 수 있는 능력과 의사표현을 분명히 할 수 있는 환자가 대부분인 4층 병동은 이 새로운 제도에서 제외되었다. 우리는 보통 여덟 시간 근무시간 중 한 시간 휴식 시간과 점심시간을 제외하고 일곱 시간 일을 하는 셈이었다. 업무량이 엄청나게 많아졌다는 것은 별 문제가 아니었다. 각층마다 1명의 책임간호사와 4명의 보조간호사가 97명의 환자를 돌보고 있다는 말을 했다. 두 팀으로 나누어 절반씩의 환자를 돌보아주기 때문에 1시간씩 교대로 휴식시간을 갖고 있다. 그런데 이 새 스케줄에 따르면 두 번째 점검을 2시 30분에 시작하여 3시 30분에는 끝내고 새벽 4시 반부터 아침간호(morning care)를 시작, 씻기는 일을 모두 끝내고 6시부터는 적어도 25명의 환자들을 의자에 앉혀 아침식사에 대비하라는 것이었다. 25명의 환자들에게 틀니는 닦아 입에 넣어주고 환자용 팬츠(medi-pants)를 입히고, 여자환자들에게는 스웨터나 가운을 입히고, 남자환자는 파자마 또는 바지를 입히도록 하며 방안의 불은 환히 켜놓도록 하란다.

불가능한 것을 시킨다고 우리는 항의하였다. 어떻게 네 시 반부터 환자를 깨울 수 있으며 두 사람이 48명이나 되는 환자를 씻기고 입힌다는 것은 보통 무리가 아니냐고 불평했다. 이 날이 금요일 새벽이었다. 어쨌든 불의의 기습을 당한 듯 소리치는 환자들을 달래며 열대여섯 명의 환자를 일으켜 앉혔다.

주말이 지난 월요일, 자고 일어나니 응답기에 메시지가 들어와 있다. 뜻밖에도 간호원장 미시즈 멕켄지의 목소리였다. 자기와 만날 수 있는 시간을 약속하잔다. 오늘 오후에나 화요일 아침에 만났으면 좋겠단다. 나의 파트너 메리도 똑같은 전화를 받았다. 맥켄지 씨에게 전화하면서 무슨 일 때문인가 말해줄 수 없느냐 물었다. 뉴 시스템에 비협조적인 보고가 들어와서란다. 나는 화요일 아침 근무시간 직후가 좋겠다고 하곤 곧 간호 차트를 만들기 시작했다.

약속한 시간에 나는 어제 종일 준비한 우리 병동의 실정을 작성해서 가져갔다. 왜 협조를 안 하느냐고 질문하는 그녀에게 나는 준비해 간 차트를 보여주었다. 물론 나의 파트너인 메리도 함께 한 자리에서였다.

“97명의 환자 중 80여명은 대소변을 가리지 못하여 전적인 간병이 필요한 사람들입니다. 침대 옆 간호를 하고 있는 우리들은 누구보다 실정을 잘 파악하고 있다고 자부합니다. 예고없이 실시된 첫날 새벽의 임무는 너무하다 싶었습니다. 나는 이 자리에서 병동에서 일어난 사실을 알리고 싶습니다.”

“난 굳이 들을 필요가 없어요. 병동에서 일어나는 일은 당신이 설명을 하지 않아도 잘 알고 있으니까.”

우리의 이야기를 전혀 듣고 싶지 않다는 그 이면에는 ‘잔소리’ 하지 말고 시키는 일이나 똑똑히 하라는 것이 뻔했다. 실제로 그녀는 우리를 협박하고 나섰다. 할 수 없다면 다른 사람에게 맡길 수밖에 없다고까지 말했다. 그래도 나는 그 실정을 꼭 말해주고 싶었다.

“책임간호사로부터 리포트를 받고 린넨 카트를 준비하

다 보면 11시 반이 넘습니다. 빨아 올려온 환자들의 옷을 넣어주고 첫 번 점검을 하고 나면 1시가 넘습니다, 2주마다 열 개가 넘는 휠체어를 씻어야 하고 옷장검사도 해야 합니다. 그러나 이런 것은 문제가 아닙니다. 2시 반에 두 번째 점검을 하고 난 후 다시 네 시 반부터 '페리 케어(peri-care; 하체를 씻기고 돌보는 것)'로 들어갑니다. 환자들은 밤에 편안히 잠잘 수 있는 권리마저 빼앗기는 셈입니다. 시간에 쫓기는 우리는 기계적으로 움직이지 않을 수 없습니다. 페리 케어를 6시 전에 끝내야 하는 것도 문제이지만 곧이어 환자들을 일으켜 앉히는 일입니다. 어떤 환자는 울기도 하고 어떤 환자는 화도 내고 걸을 수 있는 환자는 옷을 입은 채 도로 침대로 들어갑니다. 방과 방으로 다니며 우리는 몸도 제대로 못 가누는 환자까지 일으킵니다. 질적인 간호란 어림도 없는 말입니다."

이런 이야기를 다시 상기시켜 주고 싶었다. 그리고 환자들의 고통도 생각해 달라고 말하고 싶었다. 나의 도전을 그녀는 완전히 무시해 버렸다.

이로부터 며칠이 지나자 약간 수정한 새 업무량이 주어졌지만 여전히 환자들은 새벽 4시 반부터 시달림을 당해야 함에는 변함이 없었다. 2층 병동에서 일하는 마라 아나가 허리를 다쳐 병가를 신청했다는 이야기를 들었다. 우리 모두는 퇴근시간 무렵에는 녹초가 되고 만다. 환자도 간호사도 서로 못할 짓을 강요당하고 있다. 나는 이를 노인학대란 결론을 내렸다. 이 일이 결코 계속되어서는 안 되겠다는 생각을 누구나 하게 되었다. 누군가 이를 시정키 위한 행동을 취하지 않으면 아무런 변화도 없을 것이란 생각이 들었다. 그러나 누구도 앞장서기를 두려워했다. 공연히 문제를 일으켜 불평분자란 찍힘을 받고 싶지 않다는 것이다.

나는 그동안 사방에 수소문하여 '요양원 감시견(nursing home watch dog)' 역할을 하고 있는 'Concerned Friend of Ontario Citizen in Care Facilities' (요양원 시설과 간병상황을 주시하고 있는 온타리오 시민) 모임 회장인 후리다 한나의 전화번호를 받게 되었다. 우리는 곧 통화가 가능했다. 이 날이 10월 21일, 새로운 시스템이 시작된 지 만 3주째 되는 날이었다. 나는 그녀에게 CPL에서 일어난 일을 모두 이야기했다. 그녀는 아주 심각하게 내 이야기를 들어 주었다. 할 수 있는 한 사실을 밝히려하는 나의 노력이 그녀에게 전해졌음이 곧 느껴졌다. 한나 씨는 이 문제를 취급하는 위원회에 상정하겠다고 말하면서 온타리오 보건성 주민 상담(Residential Service) 책임자의 전화번호를 주며 연락해 보라고 했다. 나는 며칠 후인 월요일에 책임자에게 전화를 했다. 자리에 없다는 말에 무심코 내 이름과 전화번호를 남겼다. 만일을 몰라 익명으로 보고했는데 후회했지만 어쩔 수 없다. 이날 오후 관계부 담당자 중의 한사람인 에스트리타 씨가 나에게 전화를 해주었다. 역시 나는 상세하게 구체적인 예를 들며 보고했다. 그는 이 문제를 대단히 심각하게 받아들였다.

이로부터 닷새가 지난 금요일 새벽 4시 반, 여전히 나는 환자들을 돌보고 있었다. 우리 병동 책임간호사의 당황한 목소리가 들렸다. 보건성의 검사관이 나왔다는 것이다. 그때 나는 332호실에 있었다.

책임간호사의 관심은 침대 주변의 커튼을 제대로 쳤는지 확인하느라 바삐 다니고 있다. 환자 각자의 프라이버시를 존중하라는 것이다. 그가 온 이유를 너무 잘 알고 있는 나였지만 시치미를 뗄 수밖에 없다. 나는 그 검사관을 복도에서 만났다.

"당신이 전화 한 사람이냐?" 귓속말로 묻는다. 그렇다고 대답했다. 묻지 않았다 해도 그 검사관은 어렵지 않게 나임을 확인할 수가 있었을 것이다. 가슴에 부착된 이름표에 동양 성을 가진 여자는 나밖에 없었기 때문이다.

내 손에는 대야와 수건이 들려 있었다. 다음 환자를 돌보기 위해 336호실로 들어가니 그도 따라 들어왔다. 나는 평소에 하던 일을 그대로 보여주며 새벽 4시 반부터 7시 퇴근시간까지 하는 일을 대강 설명해 주었다. 확인하고 싶으면 책임간호사에게 업무기록(assignment sheet)을 보여 달라면 될 것이라 덧붙였다. 나의 보고가 담당기관에서 심각하게 받아들였다고 확인되는 순간 내가 해야 할 일을 했다는 확신이 섰다.

퇴근 후 한숨 잠을 자고 일어나 보니 응답기에 메시지가 들어와 있다. 뜻밖에도 CPL 원장이 세 시에 자기 사무실로 오라는 것이었다. 잠시 당황이 되었다. 그들은 나에게 어떤 협박을 할 지도 모른다는 생각에서였다. 나는 곧 보건성 에스트리타 씨에게 전화했다. CPL 원장이 오늘 만나자고 하는데 나는 어떻게 해야 되겠느냐 충고해 달라고 했다. 그녀는 곧 주민상담부(Residential Service) 책임자를 바꾸어 주었다.

"묻는 말에만 사실대로 대답하시오. 만일 신변에 어떤 일이 생기면 곧 나에게 전화해 주십시오." 그러면서 덧붙여 자기들이 책임지고 나를 보호해줄 터이니 걱정하지 말라고 했다. 설사 바위에 계란을 던지는 것 같다 해도 내가 해야할 몫은 해야겠다는 신념엔 변함이 없었다. 나는 이때 어느 모임에서 어떤 백인 목사님 기도의 한 구절을 잊을 수 없다. '…내가 행동을 해야할 때 하지 않은 것을 용서하여 주시고, 해야 할 말을 하지 않은 것 용서하옵소서….'

실상 가족들의 고발에 의하여 조사를 받는 것이야 어쩔 수 없겠지만 고용인에 의한 고발은 결코 기분좋게 받아들일 수 없다는 것은 너무 뻔한 것이다.

나는 30분 늦은 세 시 반에 도착했다. 원장 사무실에는 CPL 머리들이 다 나와 있다.

원장은 의외로 부드럽게 나왔다.

"오늘 아침 브랜다(검사관의 이름)와 상당한 시간을 보냈다는데 무슨 질문을 그렇게 하던가요?"

"아침 간호는 몇 시부터 시작하느냐? 실제 간병하는 모습을 보여줄 수 없느냐? 야간 간호임무와 일과(Routine)를 설명해줄 수 있느냐?" 대강 이런 질문을 받았노라고 하면서 나는 사실대로 말해 주었고 간호일과(nursing routine)는 책임간호사에게 보여달라면 될 것이라고 했다. 면담은 한 오 분간으로 충분하였다. 이 사건으로 해서 나는 책임간호사인 조이스에겐 미운 오리새끼가 되고 말았다. 같은 해 12월 중증환자로 주종을 이루고 있는 2층 병동으로 전출되었다.

12. 야간의 혼백들

마지막 숨쉬는 현장이 어떤 곳인가 알고 싶거든 인생의 마지막 길을 걸어가는 사람들의 집중보호소인 너싱홈(Nursing Home)을 방문해 보라고 권하고 싶다.

젊음을 낭비하는 사람들, 세월을 허송하는 사람들에게도 언젠가 한 번쯤은 이런 곳을 찾아가 보라고 말하고 싶다. 진정 인생을 보람 있게, 그리고 생각하며 성실하게 살고 싶어하는 사람들에도 이런 곳에서 자원봉사자라도 좋고 직원으로도 좋다. 그들과 함께 살아보는 경험을 해 보라고 권하고 싶다.

허무한 생각이 앞설 것이다. 결코 대면하고 싶지 않은 현실을 도피하고 싶은 생각이 먼저 날 지 모른다. 더 우울해질 것이며 나와는 아무 상관도 없는 피안의 세계로 보일 지도 모른다. 어떤 이는 건강했을 때의 시간을 결코 낭비해서는 안 되겠다는 새삼스런 자각과 더불어 세월을 아끼고 싶은 마음이 생길 것이다. 그러나….

이제 야간근무 15년 차로 들어섰다. 보통 24시간 돌아가는 병원 일은 2교대 또는 3교대가 번갈아 근무하는 체계가 통상으로 되어 있다. 그러나 장기 입원환자를 수용하고 있는 너싱 홈은 대체로 고정 쉬프트 제도가 적용되고 있다. 나에게는 이 제도 때문에 야간근무를 자청하고 나섰을 수 있었다. 앞으로 몇 년을 더 근무할 지 모르나 정년퇴직까지 생각하고 있으니 몇 년은 더 버틸 모양이다.

오늘은 야간에 일어나는 너싱 홈의 하룻밤 풍경을 그려본다.

자다말고 일어나 집에서 나가는 시간은 보통 저녁 9시 반이다. 내가 살고 있는 영(Yonge)과 핀치(Finch)에서 일터인 이슬링턴(Islington)과 알비온(Albion)에 위치한 CPL은 버스로 한 시간 남짓 걸린다.

야간근무는 11시에 시작하여 다음날 아침 7시까지다.

15년 전 이 일을 처음 시작했을 때만도 야간근무는 밤샘해야 한다는 것 말고는 비교적 가장 쉬운 일이었다. 그러나 몇 해 전부터 우리에게도 호된 양의 일이 주어졌다.

새벽 4시 30분, CPL 너싱 홈 2층 병동의 야간근무 간병사(Health Care Aide)들은 준비된 두 대의 햄퍼와 세숫대야와 로션 크림 그리고 수십 장의 매디팬츠와 기저귀등이 담아있는 카트를 끌고 남쪽 끝 병동에서부터 환자들의 새벽간호가 시작된다. 파트너와 함께 한 시간 반 동안 45명이 넘는 환자를 씻어주고 갈아주고 젖은 팻을 바꿔줘야 하며, 6시부터 7시 사이에 적어도 20여 명 환자를 휠체어에 앉혀 아침식사를 할 수 있도록 준비시켜 주어야 한다. 한 환자 당 2분 이상 소비하게 되면 도저히 7시의 퇴근시간 전에 끝을 낼 수가 없다. 침대는 거의 흠뻑 젖어 있다. 대변으로 범벅된 환자들의 수요가 많은 날엔 일 초도 낭비할 수가 없다. 여기에다 잠자리에서 일어나 우리 뒤를 따라다니며 말썽부리는 환자가 한두 명이라도 생기는 날엔 더 힘들어진다.

근무시간이 되자마자 책임간호사로부터 낮과 저녁에 일어난 환자들의 상태를 보고받게 된다. 리포트가 끝나면 우리 네 명의 간병사들은 97명의 환자를 양분하여 동남쪽, 서남쪽으로 나뉘어 간호에 들어간다. 2층 병동 대부분의 환자들은 알츠하이머, 또는 노인성 치매에 더하여 합병증까지 겸했다. 거의 대소변을 가리지 못하는 환자들이다. 몸집이 대체로 크다. 고분고분 간병하는 대로 맡기는 사람도 있지만 사납게 덤벼드는 사람도 있다. 인간생존의 조건 중에서 가장 기본적인 것 이상을 돌봐 줄 수 없는 상황이다. 먹여주고 입혀주고 등 따뜻하게 해주고 배설된 오물을 치워주고 ….

일어나기 싫다고 울어대는 사람을 시간이 되었기 때문에 새벽 여섯 시부터 휠체어에 앉혀 간호원실 주변에 마련된 병동식탁을 향해 줄줄이 데려다 주어야 한다. 식사가 올라올 때까지 두 시간은 기다려야 하기 때문에 절반 이상은 이미 앉은 채 졸고 있다.

피스 웍(piece work)을 하는 생산공장에서는 숙련된 기술자의 손에 의해 다량으로 만들어내는 사람이 훌륭한 고용인이다. 한 사람 한 사람이 쏟은 오물을 치워주고 기저귀를 채워주는 솜씨가 숙련된 속도로 해내지 않으면 40여 명이 넘는 환자를 두 시간 반 동안에 책임량을 감당할 수가 없다. 한 모금의 물을 달라는 사람에게 물줄 시간이 없다. 숨 돌릴 사이도 없이 화장실에 갈 시간도 없을 만큼 2층 병동의 새벽시간은 바쁘다. 열 명이 넘는 사람을 들어서 휠체어에 앉히다 보면 온몸에 땀이 흥건히 고인다.

이건 사람이 해야할 짓이 아니다. 마지막 가는 사람들의 품위유지가 아니다. 한 사람 한 사람 간병할 때마다 침대 주변의 커튼을 치도록 충고한다.

수치스런 부분을 우리가 지켜주는 일은 마땅하다. 아무리 시스템이 좋고 규정이 훌륭하고 간호계획이 이상적으로 만들어졌다 해도 인간을 사랑하는 마음이 없으면 지옥이 따로 없다. (1999년)

13. 어머니 떠나시던 날

어머니 조영호 권사

유례없이 따뜻했던 1998년 12월이었다. 모두가 화이트 크리스마스를 기대할 수 없겠다고 했다. 그러던 것이 20일경부터 눈이 오면서 눈 때문에 먹고사는 사람들을 즐겁게 했다. 본격적인 겨울은 해가 바뀐 새해 첫날부터 극성을 부리더니 99년 1월 2일 밤이 되면서 폭설이 시작이다. 특히 야간근무하는 사람들에겐 더 혹독한 겨울 맛을 보게 했다. 그러나 폭설 뒤엔 아름다움이 있다. 깨끗한 솜털이불을 온 세상에 깔아놓은 듯 싶고 햇빛에 반사된 눈자락 위의 헤아릴 수 없는 숱한 다이아몬드가 현란한 빛을 발하고 있다. 여기에 혹하여 정초의 폭설을 가슴에 안고다니는 출퇴근길이 오히려 묘한 신바람을 일으켜 주었다. 버스를 기다리고 있었다. 한 시간이 넘어도 캄캄 무소식이다. 발이 시리기 시작하며 차츰 가슴까지 얼어붙는 듯 싶다. 토론토 서북쪽의 이스링턴과 핀치 네 거리에 서있는 이른 아침….

간밤에 잭 할머니의 눈을 감겨드렸다. 깔끔하고 자립

심이 강한 노인이었다. 계속하여 쏟아 내놓는 토사물을 깨끗이 처리해주며 안타깝게 마지막으로 내쉬는 숨소리가 안쓰러웠다. 밖엔 여전히 폭설이 사납다. 이런 날 장례치를 가족을 생각했다. 그 노인의 너싱 홈에서의 마지막 모습과 어머니의 사망소식을 듣고 달려온 가족들의 모습이 눈앞에 다시 아른거린다.

기상관측 이래 가장 기록적인 폭설량과 2, 3주 동안의 집중된 폭설은 400여 명의 군대까지 동원해서까지 제설작업을 하여 광역 토론토의 숨통을 뚫어놓았던 그런 겨울이었다.

그러나 얼마 후 내가 바로 그들의 자리에 서리라고는 상상도 못했다. 정월 중순이 지나면 나는 2개월간의 휴직허가를 받고 그때만 손꼽아 기다리고 있었던 참이다. 남편의 일을 도와 해야할 일이 산적해 있었기 때문이었다. 1월 22일. 기온이 올라가 눈발이 섞인 비바람이 아침부터 고약했다. 이런 날은 출근하지 않아도 된다는 행운을 차라리 즐기고 있었다. 오후 다섯 시가 좀 지나 동생에게서 전화가 왔다. 어머니께서 전철역에서 낙상하셨단다. 가슴이 덜컥 무너지는 소리가 났다. 병원 응급실에서 밤샘할 각오를 하며 급히 서둘렀다. 또 전화벨이 울린다. "언니, 엄마가, 엄마가 돌아가셨어. 지금 토론토 웨스턴 병원에 계셔…." 뒷말을 못 잇는다. 다리에 힘이 빠지면서 털석 주저앉았다. 통곡이 가슴속 깊은 데서부터 터져나온다. 동생과 함께 건강하게 사시던 어머니. 엊그제 우리 집에도 다녀가셨는데. 금년 팔 월에는 구순잔치를 멋있게 해드리자고 삼 형제가 의논했던 것이 며칠 전이었는데…. 아! 어머니….

함께 나이 들어가는 딸들에게 품위 있고 쓸모 있게 끝까지 자기를 지키며 남에게 베풀며 살아가는 방법을 삶 속에서 가르쳐주신 어머니. 어머니의 삶 전체가 순간적으로 내 눈앞에 펼쳐진다. 어머니에 대한 그리움이 왈칵 몰려온다. 달리는 택시가 느리기만 했다. 이미 숨을 거두신 뒤의 어머니였지만 우리는 시신을 끌어안고 다시 깨어나라고 소리쳤다.

미장원에 들러 머리까지 매만지시고 모시러 가겠다는 동생 남편을 기다리는 대신 지하철을 이용하기로 하셨는지 층계를 내려가시던 중 쓰러지셨다는 것이다. 급성심장마비가 사인이라는 의사의 진단이었다. 이렇게 해서 졸지에 우리는 어머니를 잃었던 것이다. 이민을 사신 지 30여 년. 토론토의 한인 타운 플로어 거리는 어머니의 삶의 자취가 진하게 배여있는 곳이다. 이곳을 잊지 못하시겠던가. 천 번도 더 오르내리셨을 크리스티 전철역.

복합문화의 축제 캐러밴은 토론토의 명물이었다. 1976년부터인가 확실한 연대를 기억하진 못하나 한국 전통요리에 밝으셨던 어머니께서는 음식부를 총지휘하면서 10여 년 이상 어머니의 모습을 쉽게 주방에서 찾아뵐 수가 있었다. 함께 늙어가시는 노인들의 대장 노릇도 하시며 외로운 분들의 친구도 되고 놀이공간도 마련해 주며 참 열심히도 살아가는 모습을 지켜보며 저런 정열이 어디에서 솟구쳐 나오는가 감탄하기 한두 번이 아니었다.

고사성어(古事成語)를 풀어주는 데도 명수요, 말씀 끝에 묻어 나오는 속담과 생활의 지혜로운 처사는 우리를 깜짝 놀라게 해준 적이 한두 번이 아니었다.

어머니의 음식에 길들여진 우리들의 혀끝은 늘 어머니께서 부엌에 서성거리는 구실을 드렸고 돌아가시기 며칠 전에도 형제들이 모여 카드게임하는 모습을 보시곤 슬며시 오징어순대를 만들어 출출했던 우리들을 즐겁게 해주셨다. 구순의 노인께서 말이다. 이제 음식하다 막히면 누구에게 물어 볼까? 속담풀이에 막히면 어디 가서 답을 얻을 건가?

나도 할머니가 되었는데 엄마가 참 보고 싶다. 내가 첫 아이를 낳고 비로소 구 남매를 낳아 길러주신 어머니의 수고와 사랑을 깨닫고 눈물 지웠던 그때가 엊그제 같았는데, 아! 엄마! 엄마가 영영 떠나셨네요.

스스로 너싱 홈 입원을 때가 되면 가겠다고 준비했던 어머니. 평생 너싱 홈에서 일하고 있는 딸 때문이었나. 너싱 홈에 입원하고 있는 친구들의 비참한 말로가 가슴에 박혀있었던가. 고통 없이 깨끗하게 마감하는 길을 소원하셨기 때문일까. 낙상 후 고통 없이 평안하게 영영 떠나신 어머니. 가는 방법까지 유산으로 남겨주신 어머니!

여전히 추운 날씨였지만 미친 듯 했던 폭풍설은 이미

물러선 뒤였다. 어머니를 땅에 안장하던 그날은 햇살이 공원묘지 가득히 퍼져 있었었다.

부활절 이른 아침. 다시 어머니를 찾아뵈었다. 꽃을 그렇게도 좋아하고 사랑하셨던 어머니께 백합꽃을 드렸다. 백합 향기만큼이나 진한 모습으로 어머니는 부활의 소망을 전해 주신다.

얘들아, 우리 다시 꽃밭에서 만나자. 활짝 웃음 짓는 모습으로 손짓하시는 엄마 조영호 권사의 환영(幻影)이 점점 멀리 사라지신다.

(1999년 부활절 요크공원 묘지에서)

14. 요양원 병정놀이

너싱 홈 병동에도 어김없이 위계질서가 형성되었다. 하지만 그 위계질서라는 것이 '캐나다는 자유의 나라'란 말로 때론 흩어지기도 하고 상처를 받기도 하였다. 자유로움 속에도 질서가 있고 책임이 뒤따라야 한다는 이 기본이 무너질 때 고통을 당하는 것은 환자 측이었다. 병동에서 책임간호사(RN)는 때론 대장처럼 군림하기도 했다. 이때 시녀 노릇하는 사람이 RNA이다. 숫자에 있어 당해낼 수 없는 HCA(간호보조사)들이 반란이라도 일으키는 날에는 RN은 골탕을 먹지만 그들에겐 슈퍼바이저 또는 요양원장이란 배경이 있다. 말썽꾸러기는 '리포트' 하겠다고 협박하기도 하지만 실제로 실상 '리포트'를 당하면 영락없이 상관들의 사무실로 불려갔다. 그러나 졸병들 자신이 부당한 징계라도 당할 처지가 되면 곧 노동조합(Union)을 통해 억울한 사연을 호소하게 되고 요양원 담당위원은 인권회복 또는 직장보장을 위해 중재도 하고 대신 싸워주기도 했다

내가 4층 병동에서 2층 병동으로 옮긴 지 몇 개월 되지 않아 슈퍼바이저 K를 맞이하게 되었다. K는 내가 3층 병동에서 낮근무하는 동안 가장 오랫동안(3년이나 있었으니까) 병동 책임간호사로 있었던 여자다. K는 군병간호사란 별명이 붙은 여자였다. 규칙을 만들고 명령하고 시간 시간마다 점검하며 어지간히도 우리를 힘들게 해주고 있다. 적어도 그녀가 우리의 슈퍼바이저가 되기 전에는 매우 자유스러웠다. 모여서 잡담도 하고 뜨개질도 하고 신문 잡지 등을 읽으며 내가 보아도 지나치리만큼 환자들에게 소홀하다 싶었다. 20분마다 환자점검을 하라던가 각각 헤어져 각 병동을 지키라는 새 규칙은 내 성미에도 맞아 나는 차라리 다행이라 여겨졌다.

K가 슈퍼바이저가 된 지 얼마 안 되어 나는 동쪽 병동 중간에 자리를 잡고 늘 하던 버릇대로 간호일지를 쓰고 있었다. K가 나에게 다가오더니 무엇을 하고 있느냐고 묻는다.

"당신이 보는 대로 나는 일지를 쓰고 있습니다."

"누가 근무 시간에 그런 일을 하라고 했어?"

"그럼 내가 아무 것도 하지 말고 멍청히 앉아 있으란

말인가요? 환자들은 모두 자고 있지 않던가요?"

"졸리면 서성거리고 할 일 없으면 환자들 차트를 읽고 어쨌든 사적인 일은 금물이오."

"왜 일지 쓰는 것이 사적인 일입니까? 어쨌든 나는 계속해서 책을 읽고 노트를 할 것입니다. 당신이 충분한 읽을거리를 주지 않는 한 밤마다 되풀이해서 환자들의 간호 플랜(Care Plan)만 읽고 싶지 않습니다."

나는 나도 모르는 사이에 대들었다.

환자들에게 소홀히 하지 말라는 그녀의 뜻은 알겠으나 군대식 다스림은 우리 모두를 극도로 긴장하게 했고 불평은 여기저기서 마구 터져 나왔다. 그런데 누가 한 짓인지는 모르나 K가 야간근무하는 기간 동안 CPL 개원 이래 아주 희한한 일들이 일어났다.

2층 남쪽 병동 유리창을 깨기도 했고 1층 도서실 창문이 돌멩이에 맞아깨지는 사건도 일어났으며 주차장에 세워놓은 CPL 전용 버스 유리창이 두 번씩이나 왕창 깨져 있는 채로 발견되기도 하였다. 그뿐 아니라 K의 승용차 옆에 누군가가 대변까지 행사했다.

어느 날 밤 K가 우리 모두를 불렀다 그날따라 몹시 화가 난 표정인 데다가 무엇 때문인지 몹시 불안해하고 있다.

"당신네들 가운데 나에게 공갈 전화하는 사람이 있는 것 같은데 누가 그런 짓하고 있지? 누군가 나에게 협박을 하고 있어."

우리는 영문도 모른 채 서로의 얼굴만 쳐다보았다. 알고 보니 누군가가 밤마다 몇 차례씩 기분 나쁜 전화를 한다는 것이었다.

이런 일들이 있은 후 K는 야간 슈퍼바이저 자리를 사임했다. 동시에 4개월 여 동안에 있었던 수수께끼 같은 사건들도 씻은 듯이 없어졌다. 우리는 때때로 이 미스터리 같은 사건들을 심심찮게 화제에 올리곤 했다.

(1990년)

15. 케이시와 교수님

1993년 부활절 다음날, 사흘간의 휴가를 마치고 출근하였다. 몸살 같은 한기와 두통이 몰려온다. 환자들의 상태도 많이 나빠지고 있다. 독감이 심하여 폐렴으로 죽어가는 환자들의 수가 늘어가고 있어 우리는 매 30분마다 환자들을 점검해야 한다.

밤이면 잠 못 이루고 이곳저곳 헤매는 케이시 노인은 감시 제1호다. 그러나 케이시만 감시할 수는 없다. 안전사고 방지란 이름하에 동쪽 병동 끝 노인환자용 의자(Geri. Chair)에 앉혀 있는 모습을 쉽게 볼 수 있다. 스스로 일어날 수 없도록 식탁으로도 겸할 수 있는 네모진 쟁반을 의자에 고정시켜 놓았다. 철저한 신체적인 구속이다.

모 고등학교 교장이었던 이 노인은 71세밖에 되지 않았다. 준수하게 생긴 그가 알츠하이머 병으로 고통당하고 있다. 케이시가 내 환자로 배당되었을 때만이라도 최선을 다해 돌보고 싶었다. 동료들은 내가 버릇 잘못 들인다 하지만 그에게 미치는 관심과 연민은 어쩔 수 없다. 지적인 능력은 형편없이 망가져 가고 있지만 그는 신사였다. 깍듯한 예의와 교양있는 말씨와 행동은 그를 함부로 대할 수 없게 만든다. 평생 그렇게 살아온 성품이 몸에 배어 자연스럽게 나오는 몸가짐이다.

여기에 더한 것은 그가 나의 선생님 C박사님을 많이 닮았기 때문이기도 하였다.

며칠 전 C박사님으로부터 전화를 받았다.

"혜기, 의논할 게 있어 전화했어."

"박사님, 말씀하세요."

"나도 아내와 함께 들어갈 수 있는 너싱 홈을 찾아봐주지 않겠어? 아내가 매우 안 좋아. 딱한 것은 소변을 잘 못 가리는데 지저귀(diaper)를 쓸 줄 몰라. 어떤 것이 있는지 그것도 모르겠어. 내가 약국에서 사온 것이 있는데 온전치가 않거든."

"박사님, 제가 도와드릴까요?"

"그렇게 해주겠어? 나는 이런 이야기들이 우리 할아버지 대에나 있는 줄 알았는데 현실에선 내 이야기가 되어버렸어. 어! 어떻게 이렇게 되었지? 마음이 당황되고 몹시 울적하군."

목이 메어 다음 말씀을 못 이으신다. 나는 다음날 곧장 약국으로 가 성인용 지저귀 중 팬스 모양으로 된 것을 사가지고 남편과 함께 선생님 댁을 찾아뵈었다. 행여나 사모님이 그 기저귀 뭉치를 볼까봐 아주 조심스럽게 한쪽 귀퉁이에 놓았다. 아직도 사모님은 나를 알아보았고 거동은 그런 대로 괜찮았다. 응접실 소파엔 소변에 절인 자국이 보인다. 조금은 냄새도 났다. 벌서 7, 8년 가까이 알츠하이머 병으로 고생하고 계셨다. 가슴이 아팠다. 내가 환자들을 대할 때의 마음과는 영 달랐다.

사모님은 나의 선생님이시기도 하다. 일찍이 해외유학생 출신의 여성 지도자로 교수님과 함께 존경을 받으셨다. 누구나 박사님을 대했던 분들의 공통적인 인상은 귀공자 같은 모습에 인자하신 분이다. 지극히 사랑하는 아내를 혼자 너싱 홈에는 보낼 수 없으시기에 함께 입원할 생각을 한 것이다.

"박사님, 할 수 있는 한 가족들과 함께 지내셔요. 개인간호사를 채용하더라도 말입니다. 너싱 홈은 마지막으로 부득이한 경우에 생각하시면 좋겠네요."

망가져가는 아내를 돌봐주는 일이 얼마나 힘에 버겁고 고통스러운 지 누구보다 잘 알고 있는 나다.

박사님을 생각하면서 케이시 할아버지를 다시 보았다. 이 노인의 삶을 잘 알고 있던 가족과 제자들, 그리고 친구들이 한쪽 구석에 말뚝처럼 외롭게 앉아 있는 모습을 보게 되면 얼마나 가슴 아파할까. 케이시는 결국 일 년도 못 견디고 세상을 떠났다.

16. 망각의 늪에서

"으흐흐흐 으흐흐……."

고요한 밤의 정막을 깨고 힐러리의 비명에 가까운 흐느낌은 오늘따라 더 심하고 더 절박하다. 시간을 보니 새벽 2시 반, 동료 간호사는 이미 휴식시간으로 들어갔다. 남쪽 병동 끝, 224호실, 나는 힐러리의 방으로 갔다. 어울리지 않게 켜놓은 라디오에선 클래식 음악이 조용히 흘러나오고 있다. 담요와 시트는 아무렇게나 흩어져 있고 잠옷은 어깨에만 걸쳐져 있으며 반나체인 앙상한 몸은 잔뜩 웅크린 채다. 침대를 살펴보았다. 대소변이 범벅이 되어 살갗에 닿는 차디찬 촉감이 힐러리로 하여금 으스스한 소리를 내게 했나보다.

"하이! 힐러리, 나 여기 있어요. 그만 울어요. 이제 모두 깨끗이 갈아줄 테니까요."

"오케이…."

초점 잃은 눈 속, 그렇지만 여전히 아름다운 얼굴이다. 따뜻한 타월로 몸을 닦아주고 젖은 침대를 갈아주고 대소변으로 엉망이 된 팻을 깨끗한 것으로 바꾸어 주었다. 담요를 덮어주고 토닥거려 주니 다시 잠이 들었다.

갓난아기는 울음으로 배고픔도, 아픈 것도, 젖은 것도

알려준다. 울음소리에 따라 엄마는 아기의 요구를 알아차린다. 3년 넘어 돌보고 있는 힐러리의 괴성은 요양원의 분위기를 더 을씨년스럽게 만든다.

300여 베드가 있는 CPL 요양원, 4층 병동은 복도에도 아름다운 카펫이 깔려 얼핏 보아 호텔을 찾아온 기분으로 잘 정리되고 깨끗한데 2, 3층 병동엔 카펫이 없다.

노인성 치매에 걸린 사람, 알츠하이머 환자들이 주로 수용되어 있는 이 병동엔 대소변을 가리지 못하고 서성거리며 배설물은 카펫 속에 스며들어 냄새뿐 아니라 위생에도 문제가 되어 깔았던 카펫을 수년 전 몽땅 걷어내고 말았다.

한밤중에 질러대는 괴성이 이 방 저 방에서 들려올 때는 때때로 정신병동에 와 있는 것이 아닌가 착각할 때가 많다.

"어머니, 어머니, 나 죽겠어요." 외마디 소리를 지르는 바르코, 목이 마르거나 소변이 보고 싶으면 더욱 절실하다. 자다 말고 울면서 걸어 나오는 코니를 볼 때마다 엄마 찾아 헤매는 어린애 모습 같아서 애처롭고 측은하여 내 가슴을 찡하게 해준다.

알츠하이머 환자들! 육체는 살아 움직이나 지적인 기능은 몽땅 망가진 사람들, 개성이 다르고 아름다운 삶의 역사와 가족들이 있는데, 건강했을 때의 모습은 찾아볼 수 없는 변화된 성격과 행동, 어쩔 수 없이 너싱 홈에 보낼 수밖에 없었던 가족들의 죄책감, 때론 폭력배도 되었다가 양같이 온순해지기도 하는 이들, 이치에 닿지 않는 말과 행동을 하다가도 뜻 있는 한 마디, 말 되는 코멘트를 하여 우리를 깜짝 놀라게 하는 이들을 돌보는 동안 나는 왠지 알츠하이머 환자들에게 남다른 애착과 관심을 가지게 되었다.

나의 건망증은 주위 사람들이나 식구들이 애교로 보아줄 때가 많다. 통성명하고 식사도 함께 했던 사람, 훗날 다시 만났을 때 누구였던가 떠오르지 않아 당황했던 일이라든지, 어느 가정을 방문한 후 핸드백을 두고 와 몇 번이나 되돌아가 찾아왔다든지, 챙겨두었던 물건을 찾지 못해 쩔쩔 매던 경우는 말할 것도 없다. 책 읽다가 벗어놓은 안경을 찾아 헤매다 얼핏 거울에 비친 내 머리 위에 안경이 올라 앉아있는 것을 보고 실소하는 등 부지기수의 건망증으로 일어나는 에피소드는 계속되고 있다. 이것을 심각하게 받아들이지 않고 웃음으로 넘길 수 있는 것은 일시적인 건망증이라는 것을 알고 있기 때문이다.

이런 일들이 알츠하이머 환자들에게는 수없이 일어난다. 퇴행성 질병으로 치료방법이 거의 없다. 점점 심해져 조금도 회복됨이 없이 진행될 뿐만 아니라 이로 해서 오는 환자들의 심리적인 갈등은 함께 사는 가족들과 친구들을 몹시 당황하게 한다. 내가 만났던 알츠하이머 환자들의 가족들로부터 들은 초기 증세들은 갖가지 모습으로 나타났다.

이 이야기의 첫 머리에 나오는 힐러리의 경우, J 너싱홈 매니저로 관용과 이해심 많은 상사였을 뿐 아니라 우아하고 교양 있는 그녀의 매너가 이 병에 희생되기에는 너무나 아까웠다. 그녀가 50대 중반의 중견 매니저로 일할 때 처음 함께 일하는 동료들은 힐러리의 건망증에 별 특별한 신경을 쓰지 않았으나 어느 날 직원회의 직후에 또 회의를 소집했다. 의아했던 직원들은 제 시간에 모이지 않은 자기들을 나무랄 뿐 아니라 똑 같은 질문을 반복하는 것을 보고 비로소 동료들은 무엇인가 매우 잘못되어 가고 있음을 관찰하게 되었다. 그녀의 모습에선 당혹함과 불안, 분노를 감추지 못했다. 물론 본인 자신도 왜 자기가 이런 멍청한 짓을 하고 있는지 이해할 수는 없으나 막연히 정신에 이상이 생기고 있다는 두려움을 금할 수가 없었다.

제인의 어머니 메리는 치과의사였던 남편과 사별한 후 다시 학업을 계속하였다. R대학에서 '노년학'을 연구, 박사논문을 쓰던 중 모아놓은 자료들을 어떻게 사용해야 좋을 지 까마득히 잊어버렸다. 딸과 만나기로 약속해 놓고는 엉뚱한 소리를 하기 일쑤요, 그토록 합리적이고 지성적인 어머니의 이상한 행동은 가족들을 몹시 당황하게 하였다. 내가 메리를 만났을 때는 이 병의 진행이 이미 4, 5년이 지난 뒤였다.

앤은 목사였던 남편이 설교준비에 점차로 어려움을 겪는 것을 관찰하게 되었다. 어휘를 찾지 못하여 애쓰고 앞뒤의 말을 어떻게 이어야 할 지 잊어버리곤 했다. 35년 간 운전하였던 차를 갑자기 어떻게 시동을 걸어야 할 지 몰라 당황하는 것을 보았다.

쉴라의 남편은 회사의 중견간부였다. 그가 맨 처음 이 병의 증세를 보인 것은 심한 건망증과 시간과 장소들에 대한 감각이 둔해진 것이다. 때로는 어디에 자기 차를 주차했는 지 찾을 수 없어 당황한 나머지 쉴라를 불러 데려가라고 했다. 늘 주차했던 곳에서 서성거리는 남편을 차에 태우자 그는 울기 시작했다. 아무래도 자기가 미치고 있나보다며 두려워했다.

도대체 '알츠하이머 병'이란 무엇일까?

나는 간호경험을 통하여 알츠하이머 환자들의 행동과 성격변화, 그리고 가장 효과있게 다루는 법을 관찰하고 배웠다. 이 질병에 대해 더 알고싶다는 호기심과 깊은 관심에서 이에 관계된 책을 구해 읽기 시작했다. 알츠하이머 소사어티에서 발행되는 '뉴스 레터'라든지 연구논문이나 사례를 실은 기사들이 신문에 나게 되면 저절로 내 눈길을 끌었다. 이렇게 해서 얻은 이 질병에 대한 지식이나 설명이 전문의의 눈으로 볼 때는 서툴고 잘못 이해하고 있는 것도 있음에 양해를 구하고 싶다.

이름도 괴상한 이 병이 일반에게 알려진 것은 60년 후반, 또는 70년대 초반부터였다. 전에는 노인성치매(Dementia)라며 노쇠현상의 하나로 취급했다. 우리에게도 생소한 이 병으로 해서 사망한 사망률은 북미에서 심장병, 암, 중풍 다음으로 간다고 한다.

독일의 신경과 전문의인 알로이스 알츠하이머(Alois Alzheimer)박사는 '노인성 치매증'으로 고생하는 환자를 상대로 연구하기 시작하였다. 이 많은 사람들 가운데 단순한 치매와는 달리, 노쇠과정 현상만은 아닌 뇌신경의 이상에서 생긴 질병이란 것을 1906년 처음으로 밝혔다. 이의 연구를 거듭하던 전문가들이 후세에 그의 이름을 따서 알츠하이머 병(Alzheimer's Disease)라 명명하였다.

이 병의 정확한 사인은 치매로 사망한 환자의 뇌의 해부를 통해서 가능했었으나 그간 계속적인 실험과 연구결과로 임상을 통해 진단할 수 있게 되었다.

1990년 토론토 하버케슬웨스턴 호텔에서 이 병에 관한 국제적인 연구발표회가 있었다. 이 컨퍼런스에서도 밝혔듯이 이 질병의 정확한 원인과 치유의 길을 찾지 못한다고 했다. 그로부터 6년이 지난 오늘날에도 원인과 치유의 길을 찾기 위해 연구에 연구를 거듭하고 있는 것으로 알고 있다. (1996년)

17. 어느 환자의 죽음

6월 어느 날, 비교적 정신이 맑은 환자들이 입원하고 있는 4층 병동에서였다. 우리가 막 첫 번째 환자의 점검이 끝난 밤 한 시 조금 지나서였다. 437호 환자의 방에 호출 신호불이 켜졌다. 삐삐… 한밤중의 적막을 깨고 신호 소리가 계속 울렸다. 그저 나는 별 생각 없이 환자의 방을 향해 갔다. 많은 환자들이 도움이 필요하면 자주 호출 신호를 보내오기 때문이었다. 그런데 가까이 다가 가자 "빨리 빨리…" 당황한 목소리가 들렸다.

무슨 일이 벌어졌다는 직감에 뛰어 들어갔다. 얼굴이 하얗게 질린 브라운 노인이 황망한 목소리로 말했다.

"내가 더 이상 붙잡을 수가 없었어. 피바또가, 피바또가…."

처음에 무슨 영문인지 몰라 그의 손끝을 따라 보니 남쪽 유리 창문이 열려 있고 있어야 할 망창이 없어졌다. 창밖을 내려다보았다.

"아! 이를 어쩌나…."

환하게 켜진 외등 불빛 아래 몸뚱이 하나가 콘크리트 바닥에 엎드려 있지 않은가. 나는 비로소 침대에 있어야 할 피바또가 없어졌음을 알았다. 망창이 부서지는 소리에 잠이 깬 브라운 노인은 피바또의 몸체의 반이 이미 창문 밖으로 나가 있어 순간적으로 다리를 붙잡으려 했다고 한다. 그러나 기운이 달려 그만 놓치고 말았다며 겁에 질려 벌벌 떨고 있었다. 병원 안에 초비상이 걸렸다.

나는 담요를 들고 급히 현장으로 내려갔다. 콘크리트 바닥에 정통으로 부딪힌 머리는 깨져 있었고 피가 낭자하니 온 몸을 적시고 있었다. 반쯤 올라와 있는 보라색

잠옷 사이로 허연 허벅지가 전등불에 유난히도 희게 드러났다. 간호 수장은 맥박을 짚어보고 심장을 점검하더니 고개를 저었다.

앰뷸런스와 경찰차가 순식간에 차례차례 들이닥쳤다. 86세의 피바또는 입원한 지 1개월도 안 되는 작은 키에 깨끗하고 귀여운 할머니였다. 가끔 자정이 되면 간호원실에 찾아와 진통제와 수면제를 달래서 먹던 노인이었다. 죽음을 결심할 만큼 어두운 그림자를 지니지 않던 한 노인의 밝은 미소가 새삼스러이 떠올라 가슴이 아팠다.

얼마나 오랫동안 자살계획을 했는지는 알 수 없으나 할머니의 소지품은 깨끗이 정리되어 있었고 탁상시계 밑에 유서를 남겨 놓았다.

백지 한 장 변변한 것이 없었던 지 딸에게서 온 어머니 날 카드 봉투를 펴서 깨알 같은 잔글씨로 의사와 간호사, 그리고 딸에게 마지막 말을 써놓았다.

위암을 앓고 있는 피바또는 질병과 싸워이겨야 할 아무런 이유가 없었는가 보다. 죽어나가는 경우 이외에는 퇴원이란 거의 없는 자신에게 고통스런 죽음이 닥칠 거라는 것도 견딜 수 없는 두려움이었을 것이다. 차라리 자살이 이런 고통으로부터 도피할 수 있는 유일한 탈출구로 생각했는 지 모른다. 그런 선택이었다면 피바또의 내적갈등이 얼마나 심했겠는가.

내가 피바또를 마지막 점검했을 때는 분명 자고 있었

다. 아니 자는 척 했을 것이다. 자신의 계획이 의심받지 않을까 싶어 한치의 실수가 있어서는 안 되겠다는 의지가 보였다. 룸메이트의 말대로라면 며칠 동안 망창을 두드려보고 창문을 체크하였다는 말만 들어도 그렇다. 스태프들의 회진시간을 정확히 파악하고 계획을 세웠을 거라 생각하니 우발적인 자살이 아니었음을 알 수 있었다. 물론 남겨놓은 유서에 자살동기가 명확히 드러났지만 말이다.

뒤에 안 일이지만 집에서 자살을 기도했던 사실조차 가족들은 숨기고 있었다. 다만 자살 예방책으로 너싱 홈에 입원시켰다는 것이다. 그러나 너싱 홈 풍경은 피바또를 더 참담하게 만들었을 것이다. 많은 사람들이 자신처럼 죽어가는 과정을 지켜보아야 한다는 것은 그에게 고통이 아닐 수 없었을 것이다. 사람은 누구나 늙고 병들면 죽게 된다는 이치를 왜 몰랐겠는가. 그러나 소멸해가는 육체의 나약함과 진통제에 의지하지 않고는 하루도 살 수 없다는 절망감에서 벗어나기에는 힘이 달렸을 것이다. 스스로 극복하지 않고는 견딜 수없는 고통을 누구라서 해소시켜 줄 수 있었을까.

구 CPL 너싱 홈에서 일을 시작한 지 몇 해 안되어 6층 병동에서 투신자살한 환자 때문에 엄청난 충격을 받은 때가 있었다. 그간 내가 간호했던 환자 중 하나였다. 남편을 잃고 심한 우울증에 시달렸던 환자였는데 요주의 환자로 지목을 받아 늘 감시가 필요한 환자였다. 그러나 곁에서 24시간 지켜볼 수 없는 우리로서는 그의 자살을 막을 수가 없었다. 아침 레프트 시간이 끝나고 이 환자의 방을 점검했을 때 이미 환자는 방에 없었다.

이른 아침 행방이 묘연한 환자의 수색에 모두 긴장하고 있었다. 다시 방으로 들어와 창문을 점검했다. 문이 활짝 열려 있고 나무 숲 사이로 이상한 물체가 눈에 잡혔다. 책임간호사와 나는 그곳으로 뛰어갔다. 콘크리트 바닥으로 투신했더라면 엄청난 소리로 야간 근무하는 스태프들에 의해 곧 발견되었을 텐데 쇠심으로 망을 쳐놓은 공간으로 떨어졌다. 쇠망에 부딪친 몸뚱이가 불에 지진 듯 새카맣게 줄이 그어졌었다.

피바또는 두 번째 투신한 자살환자였다. 자실을 기도하는 환자들을 대할 때마다 우리에게는 환자 감시에 초긴장 상태로 들어간다.

컬럼비아 성서 총장인 로버트 맥킬린 교수에게 생의 허무함을 느낀 나이든 부인이 찾아와. "로버트 선생님, 왜 하나님은 우리를 늙고 쇠약하게 내버려둘까요? 왜 나는 이렇게 아파야 합니까?" 하고 물었다. 잠시 생각한 그는 이렇게 대답하였다.

"하나님께서는 청년의 힘과 미를 육체적인 것으로 계획한 것 같습니다. 그러나 노인의 힘과 미는 영적인 데 있습니다. 우리는 일시적인 힘과 미를 점점 잃어버림으로 영원히 영적인 힘과 미에 집중하게 됩니다. 그리하여 우리는 영원한 집을 항상 그리워하죠."

피바또는 소멸해가는 육체의 나약함과 고통만을 생각했었나 보다.

얼마나 외롭고 힘들었으면 이 길을 택했을까. 너싱 홈 삶의 의미를 조금이라도 느꼈었다면 이렇게 스스로 가지는 않았을 텐데. 마음이 답답해 왔다. 왜 미리 알아채지 못했을까. 자살이란 극단적인 방법을 쓰지 않도록 도와줄 수는 없었을까. 고통으로부터 스스로 해방되고자 했던 것은 자살만이 유일한 길이었던가 보다.

18. 빌리에게 가는 연민

내가 돌보는 환자 중 빌리가 있다(William McNeil). 45년간 국영방송 CBC에서 방송인으로 리포터로 저널리스트로 활약했던 그는 1924년생이다.

너싱 홈 환자가 되기에는 아직도 젊은 나이다. 아늑한 병실. 벽에는 법학박사 학위증이 걸려 있고 빌리의 사진과 함께 저널리스트 피터 드루먼(Peter Truman)의 기사가 눈에 띈다. 1953년부터 빌리가 시작한 프로그램 '캐나다 개척자들의 목소리(Voice of the Pioneer)' 이후 35주년을 기념하여 쓴 글이다. 뿐만 아니라 그가 농부에서 수상에 이르기까지 170여 명의 개척자들을 직접 인터뷰한 것을 책으로 엮어놓은 두 권의 책이 눈에 들어온다.

1999년 10월에 입원되었으니 아직 3년이 체 안 되었다. 누군들 그가 너싱 홈에서 그의 생애를 마감할 것이란 사실은 꿈에도 생각 못했을 것이다. 부처님의 눈에는 촌부나 황제 폐하나 한갓 중생에 불과하다고 어느 스님이 말하는 소리를 들었다. 그런데 그토록 많은 환자 중 유독 빌리에게 관심이 갔음은 그가 살아온 삶의 발자취를 살펴보며 오늘 그의 모습에서 끝 갈 데 없는 연민의 정이 가기 때문이다. 그는 평생을 저널리스트로 리포터로 살아왔다. 최고의 지성인이요 모든 이로부터 추앙을 받는 삶이었다. 큰 키에 잘 생긴 노인이다. 함부로 범접할 수 없는 경외로움이 일어난다. 그래서 나는 이 노인을 돌볼 때마다 조심하게 된다. 이런 나의 태도는 쉽게 그와 친할 수 있게 되었다.

너싱 홈에 입원되었을 때는 이미 삶의 질이 내리막길로 치닫는 길목까지 왔음이다. 간병사들이 본 빌리의 모습은 그냥 한 환자일 수밖에 없겠거니와 특별한 관심거리도 될 수 없을 지 모른다. 대부분의 간병사들은 흑인계와 필리핀, 그리고 유럽지역에서 온 이민자들로 이루어졌다. 환자들은 거의 백인들이며 나름대로 잘 살았던 과거를 가지고 있다. 그러나 그게 대수냐(So What), 그래서 어떻다는 거냐란 태도다. 과거에 어떻게 살아왔다는 것 때문에 간호사의 손길에 차별을 두지 않는다. 환자들은 병원에 적응하는 생활태도로 관계가 형성되기 마련이다. 나 역시 처음엔 빌리가 어떻게 살아왔냐는 거기에는 특별한 관심을 두지 않았다. 아니, 개인에게 관심을 갖기에는 마음의 여유가 없다는 것이 오히려 솔직하다.

426호실 환자 빌리는 거의 매일이다시피 간호일지에 적혀져 교대시간 책임간호사로부터 리포트를 받을 때마다 오르내린다. 첫째는 담배 피우는 일이요, 둘째는 자주 낙상하는 일이며, 거친 간호에 항변하는 내용 등이다. 아무리 너싱 홈에서 개인의 권리가 보장되고 사생활을 지켜주려는 데 신경을 쓰나 담배만은 결코 자기 방에서 피울 수 없게 되었다. 빌리의 담배 피우는 습관이 결코 하루 이틀에 고쳐질 수는 없다. 어쩌면 무료한 병원생활에서(그들은 이를 창살 없는 감옥이라 표현한다) 흡연은 유일한 낙인지도 모른다.

흡연구역에서 다른 사람과 함께 담배 피우는 맛과 혼자서 피우고 싶을 때 언제 어디에서든지 피운다는 것은 그 맛이 다를 것이다. 제한된 시간에 제한된 구역에서 담배를 피워야만 한다는 규제를 빌리가 감당하기에는 벅찬 일이었다. 우울증은 더해 갔고 때로는 폭력까지 쓰게 되었다.

자유를 구속당하는 것만큼 견디기 어려운 일이 또 있을까. 환자의 안전을 위해서는 침대에서도 자유롭게 나올 수 없도록 막을 쳐놓는다. 자연히 그는 대소변을 가리지 못하게 되었다. 인간의 마지막까지 남은 품위마저 간직할 수 없게 되었다. 때론 그 방을 지날 때 역한 냄새가 마음을 건드렸다. 온 침대가 흥건히 젖어 있다. 차츰 그는 너싱 홈 환자로 길이 들어가기 시작했다. 싸우는 대신 순응하고 주위환경에 익숙해지면서 적응도가 높아져갔다. 흠뻑 젖은 침대를 갈아주고 새 잠옷으로 바꾸어주니 기분이 상쾌한 듯 싶다.

"빌리 씨! 자진해서 양로병원에 입원했나요?" 주저함이 없이 "No"한다.

"이곳에 처음 와서 제일 힘들었던 것은 무엇이었습니까?"

"자유가 없는 거죠"

"지금은 어떤 것입니까?"

"역시 자유를 박탈당한 것이오."

빌리! 그는 28년간 수없이 내 손을 거쳐 간 환자 중에서 내가 잊을 수 없는 마지막 환자였다.

빌리는 2003년 1월 29일, 79세를 일기로 세상을 떠났다.

이 소식은 캐나다 전국지인 '글로브 앤 메일'에 상세히 보도되었다. 신문과 방송은 그의 삶을 재조명해주며 한 성실하고 유명했던 저널리스트의 죽음을 애석해하고 있다. 그를 추모하는 기사와 영상매체를 통하여 보여준 그의 모습을 지켜보고 있던 내 가슴 속에 회한의 물결이 잔잔히 파도치고 있다.

미스터 맥닐하고 부르면 빌리라고 불러달라고 말했던 그였다.

이민 와서 평생직장으로 다니던 이 양로병원을 일 년 일찍 은퇴한 지금, 새삼스러이 빌리의 저서 '개척자의 목소리'를 뒤적여본다. 그는 분명 스스로가 캐나다를 일구어낸 많은 분들을 발굴해낸 이 분야의 개척자였다.

아내에게 주는 책 서장에 힘 있게 사인한 20여 년 전의 자필서명 날인한 것과 나에게 이 책을 주면서 해준 자필 사인 사이엔 엄청난 생의 괴리를 꿰뚫어볼 수 있다는 것이 자연스런 현상이겠건만 세월의 흐름 속에서 너무 당연한 것임에도 순명(順命)함이 쉽지가 않다.

(2003년)

19. 말기환자 병동(Palliative Care Unit)

시아버님의 병환은 점점 깊어만 갔다. 암 말기에 접어드신 아버님의 고통은 뵙기에도 민망스러웠다. 나는 어느 말기환자의 의료통역을 해주다가 시내산 병원에 '말기환자 간호의료 팀'이 구성되어 있다는 사실과 재택환자를 위한 방문진료도 해준다는 사실을 알게 되었다. '암 관련 지역사회 간호사(Cancer Link Community Nurse)'와 이스트 요크 CCAC(Community Care Access Centre)에 연락하여 아버님의 상태를 설명했다. 다행히 며칠 안 되어 케이스 매니저가 아버님 댁으로 방문해 주었다. 심한 변비와 잦은 구토는 본인도 간병인도 힘들어하는 것을 목격한 그녀는 전문의로 하여금 가정으로 방문해 줄 것을 주선해 주었고 필요한 검사와 복용약까지도 집으로 배달될 수 있도록 조처를 취해 주었다. 나는 더 이상 아버님의 통증과 거의 3년 동안 병구완하느라 어머님의 지친 모습을 그냥 보고만 있을 수만은 없었다. 방문해 준 의료 팀을 설득하여 말기환자 병동에 입원될 수 있도록 간청하였다. 모든 서류를 작성하여 PCU가 있는 몇 군데에 신청서를 보냈다. 제출한 지 일 주일도 되지 않아 세인트 마이클 병원에서 연락이 왔다. 나는 서둘러서 아버님을 입원시켜 드렸다. 밝고 넓은 방에 TV도 있고 가족이 함께 머물 수 있는 간이침대와 침대 네 개를 놓을 수 있는 큰 방을 2인용 병실로 꾸며 놓았다. 병동 전체에 11개의 병실이 있던 것으로 기억한다. 부대시설로 간단한 음식을 할 수 있는 공용 부엌시설과 거기에 따른 응접실, 한 편엔 피아노가 있고 누군가 꽃까지 꽂아놓았다. 그 옆방엔 명상실(Quiet Room)이 있어 혼자 있고 싶거나 가족끼리 만날 수 있게 하였다. 과연 훌륭한 시설이다. 일반병동과는 전혀 다른 풍경이다. 돌아가실 때까지 아버님은 이곳에 50일 동안 입원하셨다. 시어머님께서도 함께 기거하며 아버님 곁을 떠나지 않았다. 이 기간 동안 같은 방의 네 명의 환자가 앞서 갔다. 영어의 팰리에이티브 케어(Palliative Care)란 불치병 말기환자에게 고통을 극소화시켜 가장 편안하게 몸과 마음을 돌봐주는 것이다. 의사와 간호사들은 놀라울 만큼 친절하였다. 너싱 홈에서 마지막을 보내는 환자들에 비하면 이곳은 휴양지에서 품위를 지키며 죽음을 준비할 수 있는 분위기다. 우리는 누구의 방해도 받지 않고 아버님의 죽음을 준비시켜 드릴 수가 있었다. 더구나 남편은 교통사고 후유증으로 휠체어를 이용해야만 출입이 가능한데 우리가 사는 곳에서 병원으로 가는 지하철은 마침 휠체어 출입이 가능했기에 매일 같이 아버지를 찾아뵐 수 있어서 아들이 아버지께 드리는 효도를 이 기간 동안 다할 수 있는 정성을 쏟을 수 있었다.

아버지의 운명을 지켜보기 위해 비행해 오는 딸을 제시간에 올 수 있도록 의사와 간호사는 토론토 공항 코리아 에어라인에 연락하여 가장 먼저 세관통과 없이 나올 수 있도록 비상조치까지 취해주었다. 가족을 소중하게 여기는 이 사회이지만 나는 놀랄 수밖에 없었다. 아내와 아들과 딸과 손자들의 전송을 받으며 떠나신 시아버지, 일생을 섬겼던 교회의 담임목사의 기도, 함께 부르는 찬송소리, 헤어짐의 슬픔 속에서도 형용할 수 없는 감사가 심장 깊은 곳에서 솟아올랐다.

어차피 인간은 외롭게 떠날 수밖에 없다. 그러나 인간답게 품위를 유지하면서 사랑하는 가족들의 전송을 받으며 마지막 순간을 맞이할 수 있기를 원함은 우리 모두의 소원이다. 우리는 지극히 평범한 한 이민자에 불과하다.

병원치료를 받으며 이민자라는 것 때문에 인종차별을 당한 경험을 나는 거의 해보지 못하였다. 그저 우리는 정직한 세금 납세자이다. 세금 납세자의 권리를 평등하게 병원치료를 받으면서 누릴 수 있다는 사회 속에서 사람답게 살 수 있다는 그것이 행복한 것이다. 이민 또는 시민권자에게는 누구나 의료보험 혜택을 100% 받을 수 있는 캐나다의 의료제도는 그래서 모두가 부러워하는 살기 좋은 나라가 이 땅인가 보다.

아버님 타계하신 후에도 토론토 병원 몇 곳의 말기환자 병동을 방문할 기회가 있었다. 죽음을 받아들이는 사람들에게 있어서 이곳은 좋은 선택의 장소가 될 수 있겠다는 생각을 하면서 나의 그날까지도 상상해본다.

(2000년 7월)

20. 스스로 달아주는 훈장

줄기차게 일해 왔던 곳이다. 캐나다 이민 이후 평생직장으로 오늘에 이르렀다. 누구에게 내놓고 자랑할 만한 자리도 아닌 말단직에서 말이다.

30대 중반 CPL 너싱 홈에 취직되었을 때 내 직함은 간호보조(Nursing Aide)이었다.

이민 오기 전 학교 교사로 봉직해 왔던 나에게 간호사 자격이 있을 리 만무하였다. 1974년 당시 캐나다는 턱없이 간호사가 부족하여 경험이 없는 나도 일자리를 쉽게 구할 수 있었다. 서툰 영어로 환자들을 돌보며 캐나다 문화와 언어에 익숙해지려고 무던히도 노력했던 시절이다. 일하면서 HCA(Health Care Aide) 자격을 땄다. 그래서 내 명찰엔 HCA란 직함이 늘 붙어 다닌다.

늙고 병든 부모나 배우자들을 가족도 어쩔 수 없어 보내는 곳이 너싱 홈이다. 일시 입원이 아니라 대부분 목숨이 다할 때까지다.

북미주만큼 너싱 홈 사업이 번창한 나라도 드물 것이다. 오죽 했으면 미국의 어느 사회학자는 너싱 홈을 일컬어 '죽어가는 이들의 집중보호소'란 말을 썼을까. 그럼에도 입원실은 항상 부족하다. 누구든지 이 코스는 피하고 싶어하지만 아무도 스스로의 선택에 의하여 입원했다는 환자는 없다. 완벽한 시설과 풍부한 인적자원과 보장된 삶의 조건 하에서 눈을 감는 이들이지만 외롭고 고통스럽게 살다가기는 마찬가지다. CPL 입원 환자들은 대부분 콧대가 높기로 유명한 앵글로 색슨의 후예들이다. 각계각층에서 모두가 한 인생을 나름대로 살았던 사람들이다.

그러나 정상적인 삶의 리듬이 파괴된 상태에서 마지막 길을 가는 이들에게 어떤 모양으로 살아왔던지 그것은 아무 의미도 없다. 꿈엔들 자기들의 인생이 이렇게 마감될 줄이야 상상이나 해 보았을까. 그런 그들과 나는 매일을 보내고 있다. 간호하고 있는 입장인 나에게도 그들의 과거엔 별로 상관하지 않는다. 특실에 있는 환자나 일반병실에 있는 환자나 내 눈에는 고통받는 인간의 모습뿐이다. 정상적인 인간의 대열에서 벗어난 사람들이지만 이들에게도 영혼이 있고 느낌이 있고 사랑과 따뜻한 돌봄을 받고싶다는 욕구가 있음은 다름이 없다.

낮근무 10년, 야간근무 18년. 하루처럼 지내왔던 그 긴 세월들이었지만 막상 이들 곁을 떠나려하니 발걸음이 쉽지가 않다. 떠나는 연습을 일 년 동안 해오면서도 아직도 망설이고 있다. 별을 보고 눈길을 헤치며 다니던 출퇴근길이, 밤새 일하고 정문을 나서자 콧속 솜털을 상쾌하게 간지러 주던 이른 아침 영하의 바람이 틀림없이 그리움으로 남을 일은 뻔한 일이다. 정을 주고받던 동료들을 떠난다는 아쉬움 역시 지워버릴 수 없다.

우리들은 이름없이 싸우며 빛도 없이 죽어가는 전쟁터의 수많은 졸병과도 같다. 오랜 세월동안 내 파트너로 일해 왔던 제니퍼는 어느 날 신조어를 만들어냈다. 우리의 전문직은 '쉬탈러지스트(Shitologist)'라고. 물론 영어엔 없는 말이다. 환자들의 배설물을 치우는 전문가란 뜻이다. '쉬트(shit)'란 대변을 뜻함이다. 환자들의 애환은 많은 경우 우리들의 손에 달려 있다. 생명은 있으나 생활을 누릴 수 없는 이들에게 최소한 인간의 품위를 지켜주는 것은 우리가 해주어야할 일 중의 하나이다. 스스로 자신을 건사할 수 있는 기능을 상실한 이들을 보면서 인간 병고의 비참함과 삶과 죽음, 육체에 갇혀있는 영혼의 몸부림을 보는 듯 싶다. 우리들의 임무 중 중요한 부분은 수시로 한 사람 한 사람이 아직도 숨 쉬고 있는가를 살펴보는 것이다. 그들의 잠자는 모습은 정상인의 잠자는 모습과 다른 데가 있다. 근육이나 다리가 경직되어 꼬부리고 잠자는 사람, 눈을 뜨고 입을 벌리고 잠자는 사람, 머리를 베개에 박고 자는 사람, 이런 환자들을 주의깊게 살펴보아야 한다.

새벽 5시쯤 책임간호사가 208호실에서 나오며 우리를

부른다. 조지가 죽어있다는 것이다. 황급히 가 보았다. 얼굴의 반쪽엔 푸른 반점이 보이고 몸은 이미 싸늘히 식어가고 있다. 두 팔은 아직 굳어 있지 않아 곧게 펴놓을 수가 있었으나 다리는 구부려져 있어 펼 길이 없다. 밤 12시, 그리고 두 시에 점검했을 때도 조지는 등이 아프다고 하며 담요를 더 덮어달라고 했었다. 젖은 기저귀도 조심스럽게 갈아주었다. 어느 순간 한쪽 주먹이 날아올지 모르기 때문이었다. 그런 조지가 새벽에 시체로 변해 있다. 더 자주 환자실을 점검했더라면 운명하는 것을 지켜볼 수 있었을 텐데…. 마음이 영 언짢았다. 떠나는 사람 앞에서는 늘 마음이 숙연해진다.

거의 10년 동안 조지는 마지막 인생을 이곳에서 보냈다. 밤에는 때때로 벌거벗은 몸에다 넥타이 하나만 목에 매고 모자를 쓰고 나가겠다고 떼를 쓰는 그였지만 마지막 생명이 다하는 날까지 우리들의 거친 손길에 싸우고 대항하곤 했었다. 2, 3층 병동은 육체노동과 정신노동을 겸한 힘든 층이다. 대부분의 보조간호사들은 장기근속자들이다. 천직이라 생각하고 몇 십 년씩 일하고 있다. 같은 병동의 같은 환자를 몇 년씩 돌보기 때문에 누구보다 환자들의 성향을 잘 파악하고 있다. 모르는 사이에 환자들과 가족 간에 정이 들면서 인간관계가 형성되기도 한다. 대부분 타성에 젖어 환자와 환자 사이를 다니며 닦아주고 갈아주고 점검하는 기계적인 동작을 반복하기 일쑤이기도 하지만 말이다. 때론 짜증스런 말투에 나 스스로 깜짝 놀랄 때가 있다. 거친 솜씨와 호통치는 소리가 나도 모르게 튀어나오기 때문이다. 환자 개인을 존중해 주고 품위유지를 최소한 지켜주어야 마땅한데도 생각과 행동이 제멋대로 따로 논다. 인간수업의 훌륭한 도장이 따로 없다. 때론 대소변으로 엉망이 된 환자들을 깨끗이 씻어주고 난 후의 뿌듯함, 변비로 고통받던 환자를 도와 해결사 역할이라도 감당하고 난 후엔 엉뚱하게도 보람을 느낀다. 삼개성상 돌보았던 환자들의 얼굴이 눈에 밟힌다.

그들의 외로움이 피부에 닿기 때문일까. 잠 못 이루며 서성거리는 모습이, 집에 보내달라고 호소하는 그들의 눈망울이, 통증을 호소하는 그들의 울음이, 아직도 어머니를 찾고 있는 어린애 같은 모습이 자꾸 눈에 밟힌다.

이들의 마지막이 언젠가는 내 현실이 될 수 있겠다는 현실적인 감각이 또 나를 당황하게 만든다. 이제는 어떻게 살아가야 하는 것보다 어떻게 죽는가가 더 큰 명제로 남아 있다. 철학적이고 종교적인 질문이기보다 현실적인 질문으로 부각되는 것은 일터에서 만난 또 다른 한 면의 인생을 오랫동안 몸으로 경험한 결과에서 얻어진 것일까.

김태길 선생은 수필 「늙는다는 것」에서 '우리 조상들은 고종명(考終命)을 오복의 하나로 꼽았다. … 늙은이들은 자신들에게도 젊었던 날이 있었다는 사실을 기억하는 까닭에 오늘이 서글프고 젊은이들은 그들에게도 늙는 날이 곧 찾아온다는 사실을 실감하지 않는 까닭에 오늘이 즐겁다'고 했다.

28년 긴 세월 끝맺음의 정년을 앞당겨 은퇴하려는 마음속에 한치의 후회가 없도록 몇 개월 후의 퇴직 날까지 알차게 일해보자고 중얼거리며 옷깃에 스며드는 봄기운을 가슴에 안고 출근길에 나선다.

CPL 너싱 홈을 영영 떠나는 나에게 스스로 어깨를 보듬어주며 나만이 기억할 수 있는 훈장을 스스로 달아주고 싶다.

(2002년 봄)

* 에필로그(Epilogue)

정년퇴직 4년이 지난 지금에야 일터에서 일어난 일들을 단편적이나마 정리해 보았다. 이제는 상자에 가득 담겨졌던 너싱 노트들을 모두 날려보내도 될 듯싶다. 이 노트들을 가슴에 품은 채 토해내지 못하여 가슴앓이도 참 많이 했다.

CPL이 캐나다 너싱 홈을 대표한다고 볼 수는 없다. 그러나 너싱 홈의 생리는 어느 곳이든 유사할 수밖에 없다. 2006년 현재 5년 전에 비해 광역 토론토에 장기입원시설(Long Term Care Facility)이 80여 군데로 증가했다. 시설과 환경도 훌륭해졌다. CCAC(Community Care Access Centre)에서 모든 노인환자들의 입원기관을 소정의 절차를 거쳐 찾아주고 있다.

한인전용 양로원인 무궁화의 집이 한창 신축 중이다. 20 여 년만에 이룩해 놓은 꿈이다.

종종 CCAC 직원과 함께 양로병원 입원희망 환자의 집을 방문하게 된다. 이제는 간호보조사의 입장이 아니고 통역사의 입장에서이다.

흔들렸던 터전 위에서 새로운 삶의 설계를 다시 그려

가면서 잃은 것도 많지만 얻은 것이 더 많다는 실리(實利)를 계산해보는 재미도 있다. 그간 남편의 유화들을 모두 챙겨보았다. 30여 점이나 된다. 금년 11월이면 장애인 공동체 9주년을 맞이하게 됨에 따라 우리는 장애인 가족으로 하모니카 연주단 멤버로 다시 들어가 주말마다 연습에 임하고 있다. 장애인 스포츠 센터는 남편의 걷기 운동을 도와주고 있다. 이렇듯 인간의 운명에 순응하며 자신의 현실을 담담하게 받아들이는 남편의 삶의 태도를 통하여 초연한 모습을 들여다본다.

가끔 남편과 나는 인생에 있어서 끝말의 풍경을 이야기한다.

남편은 12년이 넘게 휠체어에 의지하여 살고 있다. 입고 먹고 배설하고 목욕하는 것을 스스로 할 수 있다는 것은 최소한의 품위유지에 절대적인 요소가 된다. 기본적인 삶의 질은 여기서부터 출발한다. 이 기본적인 틀이 무너지게 되면 삶의 질도 어쩔 수 없이 내리막길로 접어들 수밖에 없다.

그는 너싱 홈 세팅에 버금가는 시설에서 6개월을 살았다. 외롭고 고통스러웠던 세월들이었다. 재택간병이 불가능해지면 남편은 너싱 홈으로 보내질 수밖에 없었다. 웨스트 파크(West Park) 재활원에선 아내로서 보호자로서 남편 곁을 지켜보고 있었지만 일터로 돌아오면 남편과 같은 상태의 환자들을 늘 간호하고 있었다. 이 환자들 틈에 나의 사랑하는 남편을 결코 끼게 할 수는 없었다.

상상하기조차 두려운 이 상황만은 피하고 싶었다. 퇴원 후에도 정상적인 생활환경의 조성은 무엇보다 급선무였다. 어떻게 하면 사고 이전의 정신상태로 돌아가게 할 수 있을까? 어떻게 하면 정서적인 안정을 회복시킬 수 있을까.

남편은 차츰 자기가 할 수 있는 일과 할 수 없는 일들을 받아들이기 시작하였다. 옆에 비서격인 아내가 늘 있는 한 점점 단순화되어가는 그의 생활에 평안함을 누릴 것이다.

"내가 더 이상 간병할 수 없는 상황에 이르면 당신은 어떻게 하겠어요?"

짓궂은 질문인 줄 알지만 그이의 마음을 헤아리고 싶었다.

"너싱 홈으로 들어갈 수밖에 없겠지."

"어떻게 그렇게 쉽게 대답해요?"

"우리가 동시에 세상을 떠난다는 보장이 없잖아. 육체는 소멸하게 되어 있고 스스로 관리를 못하게 되면 위탁관리자를 찾는 것이 순리잖아."

이런저런 일로 외출이 잦은 나는 참 많이 미안할 때가 있다.

"당신 혼자 있게 하는 시간이 많아서 미안해요"

"당신이 아직 할 일이 있다는 것이 얼마나 자랑스러운데 왜 그런 소리를 해."

"외롭지 않아요?"

"당신이 있는데 내가 왜 외로워."

사람 사는 이치를 남편은 나보다 훨씬 깊게 터득한 것 같다. 혼자여도 심심치 않은 사람. 당신의 날개가 부러져 혼자 날 수 없는데도 나보고 마음껏 날아보라고 마음을 허락해주어 고맙다.

나이가 들어감에 따라 남는 것은 부부와 친구밖에 없다든가. 아니, 나이가 들어 황혼길을 함께 걸어갈 수 있는 친구, 한 집안에 나 아닌 다른 개체의 숨소리를 들을 수 있는 것만으로도 외롭지 않다.

나는 진작 아이들에게 내가 너싱 홈에 들어갈 수밖에 없는 지경에 이르면 그 날이 바로 내 장례식이 되게 해 달라고 유언처럼 남겼다. 그러나 이 글을 마감하면서 남편의 의연한 태도에 이 말을 바꾸어야 할 것 같다.

(2006년 10월)